왜 그 음식은 먹지 않을까

세계의 금기음식 이야기

차례
Contents

03 왜 그 음식은 먹지 않는가?　07 부정한 돼지고기　17 힌두교와 신성한 암소　24 개고기와 애완동물　38 생선과 '악마의 물고기' 44 식인풍습　57 유대인과 이슬람교도의 음식 계율　69 채식주의와 육식의 종말　80 한국의 금기음식　88 미래의 금기음식은?

왜 그 음식은 먹지 않는가?

　

프랑스에 있을 때 겪은 일이다. 딸의 친구가 집에 와 놀고 있는데 그 어머니가 아이를 찾으러 왔다. 마침 김밥을 싸고 있어서 김밥 하나를 딸 친구의 어머니에게 건넸는데, 그녀가 잠시 머뭇거렸다. 김밥에 들어간 돼지고기 햄 때문이었다. 알고 보니 그녀는 유대인이었다. 결국 그녀는 햄을 뺀 채 김밥을 먹고 나서 정중하게 고맙다고 했다. 만일 그녀가 엄격한 유대교도였다면 다른 상황이 벌어졌을 것이다.

이런 일이 일어나기 전까지만 해도 특정 집단이나 사회가 어떤 음식들을 금기시한다는 것을 크게 의식하지 않고 지냈다. 외국인이 한국의 김치에 낯설어 하듯이 외국의 치즈에 낯설어 했고, 먹어 보지 못했던 음식들을 처음으로 맛보는 것이 쉽지 않았다. 하지만 '낯섦'이라는 심리적 거리는 음식에 익숙해지면서 좁혀져 갔고, 얼마 지나고 나서는 그 음식을 찾게 되기까지 했다. 하지만 다른 음식에 대한 낯섦과 달리 특정 집단이 어떤 음식의 식용을 금지하기 때문에 음식을 기피한다는 사실을 직접 체험했을 때 상당히 당황스러웠고 문화적으로 충격을 받았다.

유대인과 이슬람교도들은 돼지고기를 먹지 않는다. 인도에서 대부분의 힌두교도들은 쇠고기를 먹지 않는다. 우리나라에서는 보신탕을 먹지만 유럽에서나 미국에서는 혐오 음식으로 여긴다. 우리가 즐기는 문어와 오징어도 북유럽인은 먹기를 꺼린다. 이처럼 어떤 음식을 먹고 안 먹고, 즐기고 꺼리는가는 서로 다르다. 그 다름이 음식문화의 차이를 낳는다.

그러나 음식문화의 상대주의를 가지고서는 음식 금기 현상을 설명할 수 없다. 그렇다면 특정 음식에 대한 기피가 어떤 문화에서는 나타나는데 다른 문화에서는 나타나지 않는 이유를 어떻게 설명할 수 있을까?

이러한 음식 금기 현상을 설명하기 위해서는 여러 접근 방식들이 있다. 먼저 어떤 음식을 기피하는 것은 생태적·경제적 조건에 의해 규정된다는 문화유물론적인 입장을 들 수 있다. 대표적인 인물은 마빈 해리스인데, 특히 그는 사람이 선호하는 음식은 기피하는 음식에 비해 비용보다 이득이 더 많은 음식이라고 하면서, 영양학적·환경적·경제적 '비용과 이익의 관계' 속에서 음식 금기 현상을 해명하고자 한다.

다음으로는 유물론적 접근에 대비되는 것으로, 이러한 음식 금기 현상을 해명하기 위해서는 거기에서 나타나는 문화적인 코드와 상징적 의미를 찾아야 한다는 입장이 있다.

위의 각각의 입장은 음식 금기 현상을 지나치게 단순화시킬 우려가 있다. 물질적 측면과 정신적 측면 양극단으로의 환원보다는 양자가 서로에게 미친 영향을 고려해야 할 것이다.

금기음식의 대부분은 육류음식이다. 돼지고기와 쇠고기의 금기 현상은 종교적 계율에 따르는 것이지만, 생태적·경제적 조건에 따르는 것으로도 볼 수 있다. 또한 오늘날 '인간의 친구'로 여기는 애완동물, 특히 개를 식용으로 삼는다는 것은 큰 논란을 일으키고 있다. 하지만 애완동물이라는 것이 특정한 사회와 문화에 따라 다를 수 있고, 그 고기를 섭취한다는 것이 동물에 대한 애정이 결여돼 일어나는 것이 아닐 수도 있다는 점도 살펴볼 필요가 있다.

나아가 인간이 가장 금기시하는 식인풍습에 대해서도 이야기할 것이다. '인간고기'를 먹는 것이 극한 상황에 처해 생존을 위해 일어날 수도 있지만, 어떤 사회에서는 사회의 관습에 따라 이뤄진다면 그러한 식인행위를 '야만적'이라고 볼 수 있는가하는 의문도 가져 볼 만하다.

오늘날에는 종교적인 이유가 아니라 환경적이고 윤리적인 이유 때문에 육식이 아닌 채식을 하는 움직임이 큰 흐름을 형성하고 있다. 20세기 중반 이후 육류 단백질 섭취를 중심으로 하는 변화가 식생활에서 일어난다. 이러한 변화에 따라 축산업은 대량생산 체제로 바뀌고, 결국 공장형 축산업은 환경파괴와 비윤리적인 축산이라는 문제를 야기한다. 이에 대한 반성 속에서 등장한 채식주의의 움직임은 음식 금기의 다른 현상으로 볼 수 있다.

이처럼 음식 금기 현상은 사회와 집단에 따라 다르게 나타날 뿐만 아니라 시대에 따라서도 다르게 나타난다. 여기에서는 음식 금기 현상을 여러 측면에서 다루면서도 미래에는 어떤 형태의 음식 금기 현상이 등장할 수 있는가의 질문도 던져보고자 한다.

부정한 돼지고기

불결한 돼지

  종교적인 이유로 인해 유대인과 이슬람교들이 돼지고기를 기피하는 것은 잘 알려져 있다. 엄격한 유대교도나 이슬람교도는 돼지고기가 조리 과정에서 그릇이나 냄비, 식칼과 도마 등의 조리 기구에 닿을 수 있다는 가능성 때문에 일반 식당에 가지 않고 전용 식당에 간다. 구약성서에서는 먹을 수 있는 짐승의 조건을 나열하면서도 예외적으로 먹어서는 안 될 짐승들을 여럿 나열하고 있다. 돼지도 그 가운데 하나이다.

    땅에 사는 모든 짐승들 가운데 너희가 먹을 수 있는 것들은 이렇다. 곧 발굽이 완전히 갈라져 그 틈이 벌어져 있고 되새김질을 하는 것은 모두 먹을 수 있다. 그러나 되새김질을 하거나 발굽이 갈라졌더라도 이런 것은 먹어서는 안 된다. 낙타는 되새김질을 하지만 발굽이 갈라져 있지 않으니 너희에게 부정하다. 오소리는 되새김질을 하지만 발굽이 갈라져 있지 않으니 너희에게 부정하다. 토끼는 되새김질을 하지만 발굽이 갈라져 있지 않으니 너희에게 부정하다. 돼지는 발굽이 갈라져 있지만 되새김질을 하지 않으니 너희에게 부정하다.(레위기 11:2~8)

구약성서에서와 마찬가지로 쿠란에서도 돼지고기는 금기 식품이다.

죽은 고기와 피와 돼지고기를 먹지 말라. 또한 하나님의 이름으로 도살되지 아니한 고기도 먹지 말라. 그러나 고의가 아니고 어쩔 수 없이 먹을 경우는 죄악이 아니라 했거늘 하나님은 진실로 관용과 자비로 충만하심이라.(2:173)

이와 같이 유대교와 이슬람교는 돼지고기를 먹는 것을 금기시하고 있다. 그렇다면 다음과 같은 의문이 생긴다. 왜 구약성서와 쿠란에서는 돼지고기를 먹지 못하게 한 것일까? 그 해답으로 몇 가지 가설이 제시되고 있다.

첫 번째 가설은 돼지의 더러운 습성과 불결한 식습관 때문에 돼지고기 먹는 것을 금했다는 것이다. 이 가설은 고대 이후로 내내 있어 왔다. 중세의 랍비이자 의학자인 모제스 마이모니데스(Moses Maimonides, 1135~1204)는 "돼지고기를 율법으로 금하는 주요한 이유는 돼지의 습성과 먹이가 매우 더럽고 혐오스럽다는 데에 있다."라고 주장했다. 이러한 위생학적 설명은 가장 강력한 영향력을 발휘했다. 돼지를, 쓰레기 더미를 뒤지는 것을 좋아하고, 죽은 곤충, 썩은 시체, 배설물, 쓰레기를 먹어 치우는 불결한 동물로 보고 있다.

그러나 사실 돼지는 깨끗한 것을 좋아하는 동물로 알려져 있다. 자신들의 배설물도 일정한 장소에서 처리한다. 인간의 배설물을 먹는 습성은 그 본성적인 결함에서 비롯되는 것이 아니다. 사육하는 이들이 비용을 아끼려고 먹이를 제대로 주지 않아 달리 먹을 것이 없기 때문에 생긴 것이다. 또한 닭과 염소, 개도 기회만 주어진다면 인간의 배설물을 쉽게 먹는 가축인데, 유독 유대인들과 이슬람교도들이 돼지를 가장 더러운 동물이라고 규정한 것은 쉽게 납득이 되지 않는다. 그리고 돼지는 땀샘이 없기 때문에 자기 몸을 시원하게 하려면 진흙탕에 뒹굴면서 기화열을 통해 열을 발산시켜야 한다. 그런데 돼지는 똥과 오줌으로 더럽혀진 진흙탕보다는 깨끗한 진흙탕을 더 좋아한다고 한다.

두 번째로 선모충에 감염될 위험 때문에 돼지고기를 금했다는 가설 또한 면밀하게 살펴볼 필요가 있다. 특히 19세기 중반에는 돼지고기에 선모충이 있음이 처음으로 밝혀지면서 선모충에 감염될 위험 때문에 유대교와 이슬람교에서 돼지고기를 식용을 금했다는 믿음이 널리 퍼져 있다. 선모충이 고대 중동 지방에서 사육하는 돼지에서도 있었는지에 대해서는 알려진 바가 전혀 없다. 그리고 혹 당시에 존재했다고 하더라도 선모충증이 심각한 공중 보건 문제를 일으켰다는 기록을 거의 찾아볼 수 없다. 또 중요한 점은 먼 옛날, 즉 고대의 중동 지역에서는 선모충과 돼지, 인간 감염과의 관계에 대해서는 아는 바가 없었다는 사실이다. 이 관계에 대해서는 앞에서 지적했듯이 19세기 중엽에 처음 발견했는데, 느닷없이 수천 년 전에 이미 알고 있었다는 결론을 내리기에는 아무래도 무리다.

따라서 유대교나 이슬람교에서 돼지고기를 금기시하는 근거로 알려진 위생학적 설명이나 선모충 감염 가능성 가설이 설득력이 없는 것으로 보인다. 그렇다면 다른 접근이 필요하다.

중동 지역, 돼지사육에 부적합한 환경

돼지고기 식용을 반대하는 유대교나 이슬람교의 율법이 중동 지역의 생태학적 조건과 환경이 돼지사육에 부적합했기 때문에 만들어졌다는 입장이 있다. 대표적인 인류학자로는 칼튼 쿤(Carleton Stevens Coon)과 마빈 해리스(Marvin Harris)가 있다.

마빈 해리스는 구약성서에서 먹기 좋은 고기와 금지된 고기를 구분하면서 해당 짐승의 더러운 습성이나 건강에 좋지 않은 고기에 관해서는 한 마디도 언급하고 있지 않다는 사실을 지적하고 있다. 대신에 먹어도 좋은 동물의 특정한 해부학적·생리적 특징에 주의를 기울이고 있다는 점에 주목한다. 레위기 제11장을 다시 보면 "발굽이 완전히 갈라져 그 틈이 벌어져 있고 되새김질을 하는 것은 모두 먹을 수 있다."라고 써 있다. 그런데 돼지는 발굽이 갈라져 있지만 되새김질을 하지 않는다. 되새김질에 주목할 필요가 있다.

고대 중동 지역에서 음식을 제공하는 중요한 동물이 소·양·염소 세 가지 동물이었다. 이 동물들은 풀이나 짚과 같은 거친 섬유질 먹이를 소화시키기에 가장 효과적인 신체 구조를 가지고 있는 반추동물이다. 해리스는 섬유질을 소화시키는 반추동물이 중동 지역의 인간과 가축 사이의 관계에서 결정적으로 중요하다고 보고 있다. 즉, 이 반추동물들은 인간이 먹어야 할 곡물을 나눠 먹지 않고, 인간이 먹기에 적당치 않은 풀이나 짚, 건초, 관목과 잎사귀들을 먹고 살면서 고기와 젖을 제공할 수 있기 때문이다. 이것들이 먹이에 있어 인간과 경쟁관계에 있지 않다는 뜻이다.

반면 돼지는 잡식동물로서 되새김질을 하지 않는다. 돼지에게 풀이나 짚, 나뭇잎처럼 섬유소가 많은 것을 제공한다면 제대로 소화시키지 못할 뿐만 아니라 제대로 성장하지 못한다. 섬유소가 적은 밀이나 옥수수, 감자, 콩 등을 먹이면 돼지는 가장 효과적으로 식물성 식품을 동물의 살로 전환시키지만, 결국 인간과 먹을 것에서 경쟁관계에 놓일 수밖에 없다. 비용과 이익의 관점에서 볼 때 중동 지역에서의 돼지사육은 비용이 더 들어간다.

또한 해리스는 돼지의 신체의 열을 조절하는 체계가 건조한 중동 지역에 적합지 않다는 것을 지적하고 있다. 따라서 중동 지역에서 돼지를 기르는 것은 반추동물을 기르는 것보다 더 힘들다. 돼지에게 인위적으로 시원한 그늘을 만들어 주고, 몸을 식힐 수 있도록 물을 준비해 주어야 하며, 인간이 먹는 종류의 곡물을 먹이로 먹여야 하기 때문이다.

게다가 이스라엘 민족과 같은 유목민족은 먼 거리를 이동해야 하므로 돼지를 무더위로부터 보호하기가 쉽지 않고 물이 넉넉하지 않아 돼지치기가 어려웠을 것이다. 이러한 생태환경의 부적합성이 돼지고기를 기피하는 전통이 정착하는 데 기여했다. 결국 돼지고기 식용 금기는 비용과 이익을 견주어 본 뒤의 선택이라는 것이 마빈 해리스의 주장이다.

중동 여러 지역들에서도 신석기 시대 가축을 사육하기 시작한 이래로 1만 년 동안 돼지를 길러왔다고 한다. 고고학자들이 발굴한 신석기 시대 중동 지역의 마을들의 유적에서노 돼지 뼈가 대량으로 발굴됐다. 이러한 사실로 미루어 보아 중동 지역에서 돼지사육이 오래 전부터 이뤄지다가 어느 시점부터 쇠퇴하기 시작했다는 것을 알 수 있다.

칼튼 쿤은 돼지사육이 쇠퇴한 이유로 삼림의 황폐화와 인구의 증가를 들었다. 신석기 초기만 해도 돼지에게 그늘과 웅덩이뿐 아니라 도토리, 밤, 기타 여러 가지 먹을거리를 제공하는 너도밤나무와 참나무 숲이 있었다. 그러나 인구가 증가하여 농지 면적이 증가하고 올리브 나무를 심기 위해 너도밤나무와 참나무 숲을 베어 내자 돼지에게 알맞은 생태적 서식지가 파괴됐다. 결국 쿤도 생태학적 균형의 파괴가 돼지고기 식용 금기를 낳았다고 보고 있다.

신성화와 구별 지음

앞에서의 논의가 생태적·환경적·경제적 접근이었다면, 이제는 신앙의 입장에서 접근하는 논의를 살펴보자. 이런 주장을 하는 대표적인 인물은 메리 더글러스(Mary Douglas)이다.

그녀는 유대교에 있어 식사 율법은 신성함의 규율로 간주된다는 점에 주목한다. 신성함이란 고대 히브리인에게 필수적인 목표였다. 신성함의 상태에서 신에게 다가가서 신의 축복을 받을 수 있다. 따라서 식사 율법이 정결함과 신성함의 상태에 도달하기 위한 것이라는 성서의 입장을 따른다. 결국 식사 율법은 방종한 육체적 욕구에 부과된 정신적 규율이다. 사악한 육체적 식욕을 억누르려는 정신적 노력은 선함 즉, 신성함으로 나아가는 것이다. 다시 말해 유대인의 식사 율법은 개개인이 신의 율법을 얼마나 기꺼이, 완전하게 받아들이는지 측정하는 척도라는 것이다. 이런 율법을 충실히 지키는 유대인이 얻은 신성함은 그들을 다른 사람들보다 높이 고양시킨다.

더글러스는 우선 고대 히브리인이 양, 염소, 소를 기르던 가축사육 종족이라고 주장한다. 그녀는 이 동물들이 신에게 축복을 받은 종류였다는 사실을 지적한다. 바로 '발굽이 갈라지고 되새김질하는' 이 동물들은 깨끗한 것이 됐으며, 이러한 조건을 충족시키지 못한 네발짐승은 불결하고 받아들여지지 않았다는 것이다. 즉, 돼지가 금지된 것은 불결한 식습관 때문이라기보다는 갈라진 발굽을 가지기는 했지만 되새김질을 하지 않기 때문이다. 따라서 이 불결한 돼지고기를 먹지 말라는 식사 율법에 따르는 것이 개개인 자신을 신성화하는 것이다. 또한 그녀는 히브리인에게 신성하게 된다는 것은 다른 민족과 구별된다는 것이었다고 주장한다. 따라서 돼지고기를 먹지 않는 것은 신의 본성을 모방함으로써 자신을 '신성화'하는 것이며, 동시에 돼지고기를 먹는 불결한 이교도와의 '구별 지음'이라고 본다.

유대인의 돼지, '유댄자우'

'유댄자우(Judensau)', 13세기 독일 및 중부 유럽 국가에서 등장해 돼지를 불결한 동물이라 하여 먹지 않는 유대인을 폄하하기 위해 등장한 말이다. 이 말은 독일어 Juden(유대인)과 sau(암돼지)의 합성어로 '유대인의 돼지'라는 뜻이다. 유대인에게 금지된 음식물이자 깨끗하지 않기에 피하는 동물인 돼지를 유대인과 연결시켜 표현한 것은, 돼지고기를 먹는 것을 혐오스럽고 신성모독으로 여기는 유대인의 전통을 야비하게 악용한 것이다. 실제로 중세 시대 가톨릭 국가에서 유대인들은 돼지고기를 먹도록 강요당하거나 피 흘리는 돼지 위에 맨발로 서서 맹세하도록 강요당했다. 이 '유대인 선서'라는 악습은 유럽 근대 계몽기 이전까지도 지속됐다.

나아가 중부 유럽의 교회 건물에는 '유댄자우'의 기묘한 형상들이 나타나기 시작했다. 그것은 교회의 홈통이나 기둥에 조각된 유대인들이 돼지의 젖꼭지를 빨고 있는 모습이었다. 또한 돼지와 입을 맞추고, 돼지의 젖꼭지를 빨거나 껴안는 그림, 돼지의 엉덩이와 성기에 매달려 급기야 그들의 배설물을 먹고 마시는 그림까지도 등장했다. 인쇄술의 발달에 따라 유댄자우의 그림은 급속하게 퍼져 나갔다. 이 이미지는 한번 보면 쉽게 잊히지 않을 만큼 강렬했던 탓에 유대인을 대하는 태도에까지 영향을 미쳐 사람들에게 고정관념을 갖도록 했다.

심지어 독일 기독교의 종교개혁을 주도한 마틴 루터는 돼

1470년 뮌헨에서 제작된 목판화. 유대인이 암퇘지의 젖꼭지를 빨고 배설물을 먹고 있는 것을 그린 전형적인 유댄자우 형상.

지 엉덩이에서 나오는 배설물을 먹고 있는 나이 지긋한 랍비가 그려진 그림에 대해 다음과 같은 해석을 내렸다. "이 랍비는 머리를 숙여서 아주 주의 깊게 돼지의 직장 안을 보다가 탈무드를 들여다보고 있는 것이다. 돼지들이 삼켜서 내려 보낸 것에서 뭔가 심오하고 놀라운 의미나 상징들을 읽어 내고자 갈구하고 있는 것처럼 말이다."

유댄자우는 나치 시기에는 '자우유트(Saujud)'라는 유대인을 비하하는 욕설로 변형된다. 유댄자우와 같은 의미의 '돼지 유대인'이라는 이 욕설은, 결국 유대인을 돼지우리 같은 게토로 이주시키고 강제 수용소로 보냈으며 끝내는 가스실의 살육장으로 보내 수백만의 '짐승들'을 도살하게 했다.

힌두교와 신성한 암소

암소는 어머니와 같은 존재

인도의 거리를 걷다 보면 주인이 없어 보이는 늙은 소가 거리를 어슬렁거리는 광경을 흔히 볼 수 있다. 소가 길을 건너가면 자동차도 서서 기다리고 사람도 비켜서서 길을 양보한다. 5000만 마리의 물소를 제외하고도 인도 재래종 소만 하더라도 2억 마리에 가깝다. 그럼에도 불구하고 소를 잡아먹으려 하지 않는다.

인도연방 헌법에서도 소의 도살 금지를 요구하고 있으며, 대부분의 주에서도 '소보호법'을 제정했다. 1996년 맥도날드가 인도에 진출했는데 쇠고기 대신에 양고기나 닭고기, 물소

힌두교 사원의 암소상.

고기[1]를 사용한 햄버거를 팔기로 한 것은 인도인들의 소 숭배를 고려한 결정이었다. 이러한 소 숭배와 보호는 인도의 지배적인 종교인 힌두교의 중심사상이다.

인도의 재래종 소인 '보스 인디쿠스(bos indicus)' 암수는 모두 힌두교 신과 밀접한 연관을 맺고 있다. 시바 신전의 입구에는 수소 난디를 타고 하늘을 나는 복수의 신 시바의 초상이 걸려 있고, 가장 인기 있는 신이자 자비의 신 크리슈나는 암소의 보호자로 그려진다. 특히 힌두교도들에게 암소는 여신이 가지는 것과 같은 신성한 힘을 지닌 존재이다. 따라서 힌두교도들은 암소를 돌보거나 암소 앞에 서 있거나 암소를 보기만 해도 행운을 얻게 되며 악을 쫓고 악으로부터 보호받는다고 믿는다.

또한 그들은 암소로부터 나오는 모든 것이 신성하다고 믿는다. 암소의 다섯 가지 부산물, 즉 우유·엉긴 우유·정제 버터·소변·대변은 정화 능력이 있다고 본다. 암소의 보호자인

크리슈나를 기념하는 축제에서 사제들은 소똥으로 신의 모습을 빚어 제의행사를 한다. 다른 축제들에서는 사람들은 소 떼가 완전히 지나갈 때까지 무릎을 꿇고 기다리면서 방금 배설한 쇠똥을 이마에 발라 은혜를 입기를 기원한다. 소의 발굽으로 일으키는 먼지조차도 이로운 물질로서 효능이 있다고 믿어 의약품의 재료로 쓰인다. 주부들은 마른 쇠똥과 쇠똥의 재를 청소에 이용하며 마루와 난로를 정화하는 의식에 사용한다.

북인도 힌두교도들은 요리된 음식 중에서 열등한 것을 '카챠(kachcha)'라고 하고 우수한 음식을 '파카(pakka)'라고 한다. 카챠음식은 주로 물과 소금으로 요리되는 데 비해 파카음식은 유제품 특히 버터기름인 '기이'로 요리된다. 파카음식이 높은 지위를 누리는 까닭은 우유로 요리돼 암소의 신성함이 전이된다고 믿기 때문이다.

힌두교의 암소 숭배자들은 암소를 자신의 어머니와 같은 존재라고 말한다. 늙어서 우유도 짤 수 없는 암소를 아무 소용없다고 죽이는 행위는 어머니가 늙었다고 살해하는 행위와 동일하게 여긴다. 이렇듯 신성한 암소는 힌두교의 윤회설과 관련돼 있다. 힌두교는 모든 존재가 열방을 향한 다양한 단계에 있는 영혼이라고 보고 있다. 악마로부터 소에 이르려면 86번의 윤회를 거쳐야 하는데, 한 번 더 윤회하면 인간이 된다. 따라서 암소를 죽인 사람의 영혼은 가장 낮은 단계로 미끄러져 이 모든 과정을 다시 시작해야 한다. 게다가 힌두교 신학자에 따르면 암소에는 3억 3000만의 신이 깃들어 있다고 한다.

그렇다면 다음과 같은 의문을 제기할 수 있다. 왜 힌두교도들은 이렇게까지 소를 신성시하는 것일까? 다시 말해 왜 소 보호와 소 숭배가 힌두교의 중심교리인가? 대부분의 다른 주요 종교에서는 쇠고기를 먹는 것을 허용하는데, 왜 힌두교는 쇠고기를 금기음식으로 여기는가? 쇠고기 금식 현상의 기원에 대해서도 여러 가지 주장이 있다.

농경사회에서 중요해진 소

힌두교 역사 초기에는 소를 도살했다. 최초의 힌두교 경전인 '베다경'에서는 기원전 1800년에서 800년까지의 시기의 북부 인도의 사회상을 엿볼 수 있다. 이 '베다경'에서는 암소를 보호하지도 쇠고기를 배척하지도 않았다. 베다인들은 유목민이던 아리아인들로서 그들 사이에서는 동물의 희생제의와 축제가 행해졌다. 동물의 희생 제의가 끝나면 고기를 나눠 먹었다. 이 시기에 사제인 브라만 계급의 종교적 의무는 소를 보호하는 것이 아니라 소를 도살하는 것이었던 셈이다.

목축을 중심으로 이동을 하면서 살아 왔던 유목민인 아리아인들이 정착을 하면서 점차 농업이 주된 경제활동이 됐다. 정착함에 따라 인구가 증가하고 식량이 더 필요했기 때문에 숲과 초원은 줄어들고 농경지는 점차 확대됐다. 이전처럼 거대한 소 떼를 유지할 수 있는 소의 사료는 상대적으로 줄어들 수밖에 없었다. 인구밀도가 낮으면 소는 경작되지 않은 초지의 풀을 뜯었고 높은 수준의 생산성을 유지할 수 있었다. 인구 밀도가 높아지면 소는 먹을 것을 놓고 인간과 경쟁을 하게 됐다. 따라서 쇠고기를 얻기 위해 드넓은 방목지를 확보하고 소에게 곡물을 제공해 고기를 확보하는 것보다는 밀·수수·콩과 같은 곡물을 직접 먹음으로써 더 많은 사람이 살 수 있었다.

점차 소의 수가 감소했으며 이와 함께 쇠고기의 소비도 줄었다. 소의 수가 감소했더라도 농사를 짓는 데 소는 없어서는 안 될 존재였다. 북부 인도의 단단한 땅을 경작하기 위해서는 쟁기를 끌 소가 필요했다. 특히 수소는 빼놓을 수 없는 귀중한 노동력이었으며, 암소는 우유와 버터를 제공해 주는 중요한 영양원이기도 했다. 가축으로 사육하면서 활용하는 편이 고기로 먹는 것보다는 훨씬 더 이익이라는 점은 점점 더 명백해졌다. 특히 암소를 신성시함은 간디의 말처럼, 암소는 풍요를 가져다주고, 우유를 줄 뿐만 아니라 농사를 지을 수 있게 해 주었기 때문이다.

사실 농경민족은 소를 함부로 식용하지 않는다. 우리나라의 경우 조선 시대에만 해도 농사에 필요한 소를 함부로 도살하는 것을 금지하는 도우금지령(屠牛禁止令)을 자주 내렸다. 하지만 대부분의 농경민족들 사이에서 소 숭배 사상이 나타나진 않았다. 그렇다면 경제적·환경적 요인 외에도 다른 요인이 힌두교에서 소 숭배를 주요 원리로 등장하게 했을 것이라고 생각할 수 있다.

불교와 힌두교의 경쟁

위에서 봤듯이 농경이 주요 생산 체계로 자리 잡게 되자 힌두교도들 사이에서는 점차 소는 소중한 가축이라는 인식이 확산되고 소를 신성시하기 시작했다. 하지만 지배 계급인 브라만과 크샤트리아는 희생제의를 통해 소를 계속해서 도살하고 쇠고기를 먹는 습관을 포기하지 않았다.

기원전 6세기 석가모니에 의해 불교가 생겨났다. 불교는 동물이든 인간이든 살생하지 말아야 한다고 세계 최초로 '불살생'의 계율을 주장했다. 석가모니는 동물이나 인간에게서 생명을 빼앗는 것을 저주하고 동물의 살해를 금지했으며 도살자를 비난했다. 물론 불교는 쇠고기를 먹는 행위 자체를 죄악시하지 않았다. 동물 살해에 직접 관여하지 않는다면 육식에 너그러운 편이었다.

그러나 이러한 불살생의 계율에 따르면 당시 브라만이 행하는 소를 희생공양으로 바치는 희생제의는 당연히 비난의 대상이 됐다. 또한 살생을 금지하는 불교의 가르침은 가난한 농민들의 열망에 합치하는 것이었다. 농민들은 굶주림에도 불구하고 농사짓는 데 필요한 소를 잡아먹는 것은 꿈도 꾸지 못하는데, 브라만들은 여전히 소를 죽이고 이를 먹는다는 것은 반감을 살 수 밖에 없었다.

이제 불교와 힌두교는 종교적 헤게모니를 장악하려는 경쟁 관계에 놓이게 된다. 결국 브라만은 소를 숭배하고 신들과 소를 동일시하는 대중의 경향을 수용함으로서 불교에 대해 유리한 위치를 차지할 수 있었다. 이제 고기 대신 우유가 힌두교의 주요한 제사음식이자 브라만 계급의 주요한 단백질의 원천이 됐다. 브라만이 암소의 보호자가 되고 쇠고기를 멀리함으로써, 힌두교는 더욱 대중적인 종교가 되고 농경 체제와 공존할 수 있게 됐다. 나아가 종교적 헤게모니를 장악한 힌두교는 암소의 신성화를 더욱 강화하게 된다.

개고기와 애완동물

개고기 식용에 관해서 논란이 많은 나라 가운데 하나가 우리나라일 것이다. 매년 복날이 가까워지면 보신탕을 둘러싼 찬반논의가 폭염만큼이나 뜨겁다. 서울올림픽을 앞두고 멀어진 보신탕집에 대한 대대적인 단속은 '선진' 외국의 눈이 무서워 전통적인 식습관을 포기하려는 사대주의적 태도라는 비난을 불러일으켰다. 게다가 2001년 프랑스의 여배우 브리지트 바르도가 한국의 개고기 식용 습관을 맹비난하면서 한국인을 비하하고 희화화하자 격한 반감을 불러일으켰다.

단순히 식습관이 다르다는 이유로 타 민족이나 타 국가를 비난하는 것은 문제가 있다는 주장이 있다. 인류의 문화는 단일한 방식과 형태로 발전하는 것이 아니라 각기 독자적으로

진화하기 때문에 문화적 우열을 논할 수 없다는 것이다. 하나의 잣대로 문화를 평가하기 어렵고 타 문화를 인정하고 존중하는 '문화상대주의'의 관점에서 한국의 개고기 식용 습관을 보아야 한다고 주장한다.

다른 한편 인간과 가장 친한 '반려동물'인 개를 먹을 수 없다고 하면서 '개고기 식용 합법화'를 반대하는 사람들의 주장이 있다. 예전과 달리 개고기 외에도 다른 육류가 충분한데도 개고기를 먹는 습관은 악습일 뿐이라고 한다. 하지만 개고기를 좋아하거나 싫어하는 것은 개개인의 음식취향일 뿐이라는 반론도 만만치 않다. 이렇듯 개고기 식용을 둘러싸고 찬반논의가 많다.

개는 동물 가운데 가장 일찍, 늦어도 기원전 12000년 무렵에 가축화됐을 것으로 본다. 구석기 시대의 인간들은 개의 사냥능력을 알아 사냥의 목적으로 길들였을 것이라는 주장과 더불어, 개를 최초로 가축화한 목적은 개고기를 언제든지 쉽게 공급받기 위해서였다는 주장도 있다. 이처럼 고대 인류도 개고기를 식용했다. 오늘날 개고기 식용은 주로 아시아 지역을 중심으로 이뤄지고 있다. 현재는 개고기를 먹지 않더라도 과거에 식용했던 곳도 세계 여러 지역에 있었다.

개고기 식용반대 포스터.

여러 지역의 개고기 식용

중국

기원전 6500년~기원전 3000년 중국에서는 개와 돼지가 가장 중요한 가축이었다. 중국의 앙소·용산 유적에서는 돼지의 뼈와 개의 뼈가 압도적으로 많이 발굴됐다. 『시경』과 주나라 시대의 『주례』를 보면 개가 사냥이나 제례에서 사용됐을 뿐만 아니라 고기로도 활용됐음을 알 수 있다. 『예기』를 보면 가을 초엽에 천자(天子)가 개고기를 먹었다는 기록도 나온다. 『논어』에는 공자가 개고기를 먹었다는 기록은 보이지 않으나 제사에 반드시 개고기를 쓴다고 했다. 따라서 공자도 개고기를 먹었다는 것을 짐작할 수 있다.

우리에게 잘 알려진 '토사구팽'이란 말은 『사기』의 '교토사주구팽(狡兎死 走狗烹)'이란 말에서 나온 것이다. 곧 "교활한 토끼가 죽고 나면 토끼를 잡기 위해 달리던 개를 삶는다."라는 말이다. 따라서 개는 사냥에 이용되기도 했지만 먹는 데 봉사했다는 사실을 알 수 있다.

『한서』를 보면 항우에게 죽임을 당할 위기에 처한 한고조 유방을 구출한 한나라의 공신 번쾌가 나온다. 번쾌는 한나라의 무양후(舞陽侯)에 책봉됐으며, 사후에는 무후(舞侯)라는 시호를 하사받은 인물이다. 그런데 번쾌는 유방을 도와 한나라를 세우기 전에는 개를 도살하고 개고기를 파는 업에 종사하고 있었다. 이로 미루어 보면 진나라와 한나라 초기에는 개도

살 전문직이 있을 정도로 개를 많이 먹었다는 것을 알 수 있다.

한나라 말기에 이르면 사대부 계층에서는 개를 '충성스런 동물'이라고 해서 잡아먹기를 꺼려했다. 이와 같이 중국에서는 남북조 시대 이후에는 병을 치료하기 위한 목적 이외에는 개고기 식용이 점차 사라졌다. 그러나 중국 남부 지역은 개고기를 즐겼다. 중국 광둥성(廣東省)에서 나수를 차지하는 광둥 사람들은 중국에서도 개고기를 잘 먹는 사람들로 유명하다. "쩐빵은 개를 무서워하고, 개는 광둥 사람을 무서워한다."라는 중국 속담도 있다. 오늘날까지도 광둥성에서 개고기 식용 관습은 남아 있지만 식용의 규모는 그리 크지 않은 것으로 보인다.

동남아시아와 폴리네시아

베트남 북부 지역은 오랫동안 중국의 지배를 받아 중국식 생활 방식이 많이 침투해 있다. 개고기 식용 관습도 그 가운데 하나이다. 개들은 집을 지키고 돼지와 서로 다투어 가며 음식 찌꺼기를 먹다가 결국에는 사람들의 배 속으로 들어간다. 제례가 있을 때나 가뭄이 들어 먹을 것이 부족할 때 개를 잡아먹기도 하지만, 일부 지역에서는 농민들이 개고기를 좋아해 개가 어느 정도 몸집이 커지면 먹어 버리기 때문에 늙은 개를 찾아보기가 어렵다고 한다.

미얀마와 라오스 지역에서도 개고기 식용 관습은 오래됐다. 대략 기원전 3500년 이전까지 올라가는 개고기 식용 관습은 불교의 영향을 받지 않고 전통종교에 따르는 일부 부족들에게는 여전히 남아 있다. 말라야와 말레이 제도에서는 동남아시아 대부분의 지역처럼 개고기 식용의 양태가 뒤죽박죽이다. 그 원인은 이슬람교와 기독교의 압력 때문이며, 따라서 개고기를 먹는 규모도 줄어들었다. 이러한 종교적 압력에도 불구하고 개고기 식용 현상은 인도네시아와 필리핀 여러 곳에 남아 있다.

폴리네시아의 주요 세 집단인 타히티인과 하와이인, 그리고 뉴질랜드의 마오리족은 유럽인들이 들어오기 전까지는 개고기 식용 관습을 가지고 있었다. 개는 돼지와 닭과 함께 그 지역에서 기르는 가축이었다. 폴리네시아인들은 일부 개를 집안에서 길렀다. 나머지는 울타리를 치거나 나무 아래에 만든 오두막에서 길렀다. 대부분의 개들은 찌꺼기를 스스로 찾아 먹었으며 일부에게는 생선 찌꺼기를 넣은 야채요리를 규칙적으로 먹여 살을 찌우기도 했다. 폴리네시아에서 개고기는 신과 나눠 먹어야 할 정도로 좋은 음식이었다. 타히티와 하와이에서는 사제들이 중요한 제의에 개를 많이 잡았으며, 제물로 바친 개를 자신들이 먹었다. 타히티와 하와이에서는 사제들과 귀족들만이 개고기를 먹을 수 있었지만, 희생제가 끝나면 평민들은 남은 것을 몰래 가져다 가족에게 주었다. 이처럼 개는 고기 때문에 폴리네시아인의 사랑을 받았지만, 털·가죽·이빨·뼈 등도 쓸모가 많아 더 가치 있게 여겨진 가축이었다.

한국

우리나라 신석기 시대 유물에서 개 뼈가 출토된 것으로 보아 개는 사냥이나 식용을 위해 키웠을 것으로 짐작된다. 『삼국지』의 '위지·동이전 부여조'에서 우리나라의 개에 관한 기록이 처음 나온다. 당시 부여의 관직명은 마가(馬加), 우가(牛加), 저가(猪加), 구가(狗加), 견사(犬使) 등이 있었는데, 다른 가축 이름은 한 번 나오는데 반해 개는 두 번 나오니 다른 가축에 비해 개의 비중이 컸을 것으로 짐작된다. 고구려 시대에도 오가(五加)가 있었다고 하니 삼국시대에도 개는 가축으로서 많이 키워지고 식용됐을 것으로 생각된다.

통일신라나 고려 시대에는 불교가 융성하여 불살생의 교리에 따라 육식을 멀리 했으니 다른 가축과 마찬가지로 개의 식용도 기피했을 것이다. 그러나 고려 말 원나라의 지배하에 들어가면서 육식이 다시 성행했다. 당시 개고기를 식용했다는 기록은 있으나 상류층에서는 흔히 이뤄진 것 같지 않은데, 그것은 몽골족의 개고기 식용 기피 경향의 영향을 받았기 때문일 수 있다. 그러나 하층 계급에서는 개의 식용이 이뤄졌을 가능성은 충분하다.

조선 시대에 이르면서 개고기 식용이 다시 활발해진다. 조선 시대에는 유교가 지배적인 사상이자 통치원리가 되면서, 주나라에 대한 복고주의 경향이 강했다. 앞에서 중국의 개고기 식용에서 살펴봤듯이 중국 주나라와 춘추시대에는 개고기를 많이 먹었고 개는 제례에도 사용됐다. 따라서 명·청 시대에 중국에서는 개고기를 먹지 않았으나 우리는 공자를 따라 개고기를 먹었다고 한다.

조선 시대에는 다양한 개고기 요리가 개발돼 『음식디미방』(1670), 『산림경제』(1715), 『증보산림경제』(1766), 『고사십이집』(1787), 『해동농서』(1799), 『규합총서』(1815년경), 『부인필지』(1908) 등의 여러 책에 다양한 요리법이 소개됐다. 요리로는 개고기 구이인 구적(狗炙), 탕이나 국에 해당하는 개장(개장국, 개탕), 찜 요리인 개찜, 산적처럼 꼬치에 끼워 또는 그대로 굽거나 지져서 만든 개장 느르미, 개 삶은 물로 담근 술인 무술주(戊戌酒), 개 삶은 물에 엿을 고아 만든 무술당(戊戌饄) 등이 있다.

이렇게 여러 책에 개고기 요리법이 전해지듯이 조선 시대에는 상하층을 막론하고 널리 개고기 요리를 즐겼다. 조선 정조 때 정조의 어머니이자 사도세자의 비였던 혜경궁 홍씨의 회갑 잔칫상에도 황구찜이 올랐다. 가장 흔히 먹던 개고기 요리는 보신탕이라 부르는 개장인데 복날에 즐겨 먹고 오늘날까지 그 전통이 이어지고 있다.[2] 개장을 보신탕이라 부르기 시작한 것은 그리 오래된 것이 아니다. 1942년경부터 그 명칭으로 불리기 시작했다. 해방 무렵만 해도 개장과 보신탕이라는 명칭이 반반 쓰이다 한국전쟁 이후에는 보신탕이라는 명칭이 지배적으로 쓰였다고 한다. 현재 보신탕집에서 먹을 수 있는 요리는 보신탕·수육·전골·무침과 때에 따라 두루치기가 있으며, 예전에 있던 요리들은 많이 사라졌다.

기타 지역

북서 아프리카 지역에 걸쳐 사는 베르베르인들은 개고기를 먹었다. 개고기 식용이 모로코, 알제리, 튀니지에 널리 확산돼 있었다는 사실을 중세 아랍의 기록에서 쉽게 찾아볼 수 있다. 개들에게 대추야자를 먹여 키웠으며 사람들은 개고기를 맛있는 음식으로 여겼다. 특히 여성들은 개고기를 먹으면 풍만한 몸매를 유지할 수 있다고 믿었다고 한다. 북아프리카의 개고기 식용은 20세기까지도 계속됐으나, 오늘날 대부분의 북아프리카 주민들은 개고기를 먹는다는 것을 서구인들만큼이나 혐오한다. 사실 개고기 식용은 주로 베르베르인들에 의해 이뤄졌다.

유럽에서도 오늘날 스페인의 엑스트레마두라에서는 개고기를 별미로 먹고 있으며, 스위스의 농촌 지역이나 알프스 지역에서도 개고기를 먹는다고 한다. 20세기 초에는 독일에서도 개고기를 먹은 사례를 찾을 수 있다. 또한 덜 익은 개고기 식용에 따른 선모충 감염 사례가 보고되기도 했다. 프랑스도 1870년 프로이센-프랑스 전쟁 시기에 프로이센군에게 포위돼 굶주린 파리의 시민들이 개고기를 먹었다고 하는데, 고양이와 개고기를 파는 정육점이 있었다고 하니 단지 우발적인 도살에 의한 식용이 아니었을 것으로 짐작할 수 있다. 한창 브리지트 바르도의 한국인의 개고기 식용에 대한 발언을 둘러싼 논의가 활발하던 2001년, 한국의 한 중앙일간지를 통해 1910년대 파리에서 최초로 개고기 정육점 개점을 알리는 사진이 게재돼 당시 프랑스에서 개고기 소비층이 있었음이 알려졌다. 제1차

1910년경 파리에서 처음으로 문을 연다는 현수막을 내건 개고기 정육점.

세계대전 중에도 러시아와 우크라이나에서 기아에 빠진 시민들이, 제2차 세계대전 때에는 독일군에 맞서 싸우던 바르샤바의 시민들이 개고기를 먹었다는 기록이 있다.

북아메리카의 인디언 부족의 상당수도 개고기를 식용했다. 그리고 16세기에 개고기 요리가 가장 융성했던 곳 가운데 하나가 아메리카 대륙이었다. 아스텍족은 거대한 강아지 사육장을 두고 털이 없는 치와와와 동족인 갈색의 개들을 길렀다. 1500년대 초 스페인의 한 선교사가 쓴 글이 있다. "400마리의 크고 작은 개들이 나무 상자 안에 갇혀 있었다. 일부는 이미 팔려 나갔고, 일부는 팔리고 있었다. 놀라는 내 모습을 보고, 그 지역에 익숙한 한 스페인 사람이 '뭘 그리 놀라세요. 오늘처럼 이렇게 개가 조금 나온 것은 처음 보는 걸요!'라고 말했다. 보고 있자니 정말 그날 공급량이 굉장히 딸렸다."라고 기록하고 있다.

개고기 식용에 대한 서구인의 반응

1980년대 초 전 미국을 뒤흔든 사건이 있었다. 8월 어느 날 경찰관들은 샌프란시스코의 골든게이트 파크에서 머리 없이 쓰러져 있는 개 다섯 마리를 발견했다. 그런 상황에 당혹스러워하며 서 있는 경찰관들의 눈에 활과 화살을 든 아시아 사람 여러 명이 들어왔다. 그들은 인도차이나 피난민들로 밝혀졌고, 이 일이 신문에 실리면서 캘리포니아 주민들은 마치 자신의 지역에 식인종이 침입한 듯이 경악을 금치 못했다. 결국 한 대학생이 동남아시아 난민 원조를 담당했던 그 지역 가톨릭 관구의 한 사제에게 애완동물을 잡아먹도록 방기한 책임을 묻는 편지를 보냈고, 이에 대해 그 사제는 개고기가 동남아시아인의 전통적인 식품임을 지적하는 답장을 보냈다. 게다가 그는 전통적인 문화 배경이 다른 사람들에게 그런 고기를 먹을 수 있게 하는 것이 잘못된 일이 아니라고 생각한다고 덧붙였다. 이 답장으로 인해 동물보호단체들이 끼어들었고, 가톨릭 대주교에게 강력한 항의를 제기했다. 수많은 캘리포니아 주민들은 항의 시위에 동참했고, 결국 그 주 출신 상원의원은 개나 고양이를 식용 목적으로 죽이거나 잡아먹는 행동을 경범죄로 처벌하고 최고 500달러의 벌금형과 6개월의 징역형에 처할 수 있도록 하는 법안을 제출했다.[3]

같은 시기에 태평양 건너편 홍콩에서도 열띤 논쟁이 불붙고 있었다. 여기에서는 개고기 식용이 전통인 중국인 공동체와 그 관습을 혐오스러워 하는 소수 영국인 공동체 간의 논쟁이었다. 홍콩을 지배하고 있는 영국은 이미 1950년 이후 개 도살과 개고기 식용을 금지하는 법을 시행하고 있었다. 이러한 법에도 불구하고 개 도살과 개고기를 먹는 관행은 어떤 식으로든 계속됐다. 그런데 1980년 동물에 대한 잔혹행위 방지 왕립협회의 홍콩 지부 회원인 홍콩의 한 관료가 이 협회의 연간 보고서에 개고기 식용과 개 도살 금지 조치를 폐기하자는 글을 실었다가 논쟁이 격화됐다. 그의 의도는 개 도살과 개고기 식용을 개방하고 정부가 통제한다면, 개가 좀 덜 잔혹한 방법으로 도살되고 도살과 판매 과정에 대한 위생 처리 기준이 마련될 수 있으리라는 것이었다. 이 글에 대해 중국인 주민들은 영국인들이 드디어 제정신을 차리고 개고기 식용을 적법한 것으로 인정하고 있다고 반기고, 중국어 신문들도 일제히 지지했다. 하지만 영국인 주민들은 분노했다. 관료가 속한 협회의 회원들은 탈퇴했고, 이 관료를 해임시킬 것을 요구했다. 논쟁은 몇 주 동안 계속됐고 심지어는 논쟁의 양편을 출석시킨 특집 프로그램이 텔레비전에서 방영되기도 했다.

이처럼 서구에서 개고기 식용을 반대하는 가장 큰 이유는 개와 인간과의 친밀감이다. 실제로 그러한 친밀감은 개를 애완동물 이상으로 즉, '인간의 친구'로 여기게 만든다. 결국 친구인 개를 잡아먹을 수 없다는 것이다. 서구의 동물보호협회

에서 아시아의 개고기 식용 관습을 비난하는 이유도 바로 여기에 있다.[4]

개와 애완동물의 식용 현상과 이유

그러나 먹이를 주면서 돌보고 같이 생활하면서 정이 들었다 하더라도 애완동물을 먹는 경우는 꽤 있다. 마빈 해리스가 들고 있는 예를 살펴보자.

뉴기니 사람들은 돼지를 애완동물처럼 다룬다고 한다. 뉴기니의 여자와 아이들은 돼지와 함께 오두막에서 자고 남자들은 남자들만 자는 공동숙소에서 따로 잔다. 돼지새끼가 젖을 떼면 여자들은 자기 아이들과 함께 품에 안고 기른다. 돼지가 병이 나면 자기 자식처럼 걱정하고 돌보며, 상당히 자란 뒤에는 여자가 자는 방 옆에 우리를 지어 집안에서 키운다. 그러나 뉴기니인들은 암돼지 고기를 너무나 좋아해 반드시 조상과 동맹자들과 나눠 먹어야 한다고 생각한다. 따라서 그렇게 총애를 받던 돼지라도 마을의 돼지축제 때 잡아먹히거나 다른 누군가에게 팔려 가는 운명을 피할 수 없다.

동아프리카의 딩카족과 같은 유목민들은 소를 뉴기니의 돼지처럼 다룬다. 여기에서는 소를 남자들이 키우는데, 소에게 이름을 지어 주고 뿔이 멋진 곡선으로 자라도록 조금씩 자르고 꼬아 주며 목걸이와 종으로 장식한다. 남편은 소 외양간에서 자고 아내와 아이들은 근처에 있는 집에서 따로 잔다. 하지만 그들은 쇠고기에 대한 미각이 아주 발달했으며 장례식이나 결혼식 그리고 명절의 잔치 때 쇠고기를 즐긴다.

아프리카 북동부의 마사이족 또한 소에 대해 품고 있는 애정이 남다르다. 이들은 소에게 기도를 올리는가 하면, 그 뿔을 윤이 나도록 닦아 주기까지 한다. 심지어는 아이들의 이름을 소의 이름을 따서 지어 주기도 한다. 그뿐만 아니라 사랑해 마지않는 소들에게 자장가를 불러준다. 그리고 오로지 소의 아름다움을 묘사하는 데 쓰는 형용사를 10개 이상 가지고 있을 정도로 다른 동물들에게는 거의 무관심하다. 하지만 마사이족도 그토록 사랑하는 소를 잡아먹는다. 죽이기를 꺼려 술에 취해 소의 멱을 따지만, 먹을 때는 아주 맛있게 먹는다.

이런 예들을 볼 때 애완동물이라는 것이 어떤 정해진 형태가 있는 것이 아님을 보여 준다. 또한 어떤 동물이 애완동물로 여겨지는가는 각 문화마다 다르다는 것을 알 수 있다. 게다가 인간과의 친밀함이 이 애완동물의 식용을 막지 못한다는 점도 지적할 수 있다.

다시 대표적인 애완동물인 개로 넘어가자. 개고기를 좋아하는 폴리네시아인들은 개를 애완동물처럼 키운다. 하와이와 뉴기니의 여자들도 돼지새끼를 키우듯이 강아지를 품에 안아서 기른다. 심지어 하와이 여자들은 개를 자신의 젖을 먹여가며 키운다. 그러나 결국 그들은 매우 슬퍼하면서 마지못해 개를 내놓고 만다.

이들도 유럽인이나 미국인처럼 개를 그리고 다른 동물을

애완동물로 다루고, 지나칠 정도로 친밀한 관계를 맺는다는 것을 알 수 있다. 그렇다면 한편에서는 왜 이렇게 애지중지하는 애완동물을 먹을거리로 삼을 수밖에 없으며, 다른 한편에서는 먹는 것을 기피하는 것일까?

마빈 해리스에 따르면 '유럽인들은 개가 가장 사랑하는 애완동물이이시가 아니라 근본적으로 개가 식용하기에는 비효율적인 고기 공급원이기 때문에 먹지 않는 것'이라고 한다. 이미 그들에게는 소, 양, 돼지와 같은 다른 동물성 식품이 충분하게 공급돼 굳이 개를 도살해서 섭취할 필요가 없기 때문이다. 게다가 개는 그 고기보다는 더 가치 있는 다른 서비스를 살아서 제공하기 때문이다.

반면 개고기를 먹는 경우는 육류가 항상 부족한 상태이고, 낙농을 할 수 있는 조건이 갖춰져 있지 않기 때문이다. 특별한 날을 제외하면 돼지고기나 닭고기도 쉽게 먹을 수 없었기 때문에, 개가 귀중한 단백질 공급원이 될 수밖에 없었다. 이처럼 개가 살아서 제공할 수 있는 서비스보다 죽어서 제공하는 서비스가 더 가치 있는 곳에서 개고기를 먹는 문화가 발달했다.

개가 사냥에 결정적인 공헌을 하는 곳에서는 개를 먹을 이유가 별로 없었다. 개고기를 먹는 문화의 대부분은 개가 사냥에 꼭 필요하지 않거나 사냥할 수 있는 동물이 상대적으로 적은 경우였다. 개고기를 더 잘 먹는 사람들은 사냥을 해서 그 고기를 주로 먹기보다는 곡물을 재배해서 주식으로 하는 집단에 속했다.

생선과 '악마의 물고기'

지금까지 육류의 식용 금기에 대해서 살펴봤다. 이제 살펴볼 생선의 식용을 거부하는 현상은 우리에게 아주 낯설어 보인다. 한반도처럼 삼면이 바다인 지역과 일본과 같은 '섬'으로 이뤄진 국가에서 어류는 중요한 식량원이기 때문이다. 사실 세계의 대부분의 지역의 사람들은 생선을 먹고 어업에 종사한다. 어업은 대양과 연안, 강과 냇물, 호수 등과 같이 바다나 내수에서 행해진다. 생선은 바로 소비되기도 하지만, 우리나라처럼 동아시아나 동남아시아 지역에서는 젓갈이나 식해(食醢), 건어, 염장어의 형태로 소비되기도 한다. 따라서 육류와 달리 물고기를 먹지 않는다는 사실을 쉽게 받아들이기 어려울 수도 있다.

생선 기피 현상들

먼저 살펴볼 것은 북아메리카 남서부의 일부 인디언 부족의 생선 기피 현상이다. 인디언 부족인 주니족과 호피족은 물을 신성하게 여겨 생선 먹기를 거부했다. 생선이 물의 신성함을 지니고 있다고 믿었기 때문이나. 나바호족과 아파치속도 역시 생선 먹기를 기피했다. 특히 나바호족은 모든 물에 사는 생물을 먹기를 두려워했다고 한다. 그들은 물에 사는 생물은 바다와 내수를 지배한다는 물속 괴물의 자식이거나 수하라고 생각했다. 따라서 물속 생물을 잡아먹으면 그 괴물이 분노하여 벌을 받게 될 것이라고 생각했다. 오늘날 이들은 외부와 접촉하면서 전통적인 생선 기피 관습을 포기했다.

아프리카에서는 동북부와 동부 지역에서 주로 생선 기피 현상이 나타난다. 남부 이집트 지역에 사는 쿠시족 대부분은 어부를 경멸하고 아무리 식량이 심각하게 부족해도 생선을 먹지 않는다. 이들은 생선을 더러운 물뱀이라 생각하며, 생선을 먹는 것을 수치스러운 일로 여긴다. 동부 아프리카 건조 또는 반건조 지역에서도 생선 먹는 것을 금기시하는 현상이 있으며, 일부 지역에서는 호수나 강, 해안에 어족 자원이 풍부함에도 생선을 먹지 않는 부족이 있다. 예를 들어 마사이족이 사는 지역에는 큰 강이 있어 물고기가 풍부함에도 불구하고 물고기를 잡거나 먹는 일을 경멸하고 거부한다.

이처럼 사하라와 아프리카 동부와 동북부 지역의 생선 기피자들은 생선이 불결한 물뱀이며 그것을 먹는 일은 천하고 역겨운 일이라고 여긴다. 이러한 생선 기피 현상은 건조 지역과 반건조 지역, 유목생활의 전통이 있는 지역에서 주로 나타난다. 이에 반해 열대우림 지역에서는 생선 기피 현상이 거의 없다. 따라서 유목민들이 자신들의 소에서 고기와 우유를 지속적으로 얻을 수 있기 때문에 쉽게 생선을 먹는 것을 경멸하고 기피하는 관습이 생겼을 것으로 짐작할 수 있다. 그러나 이들 부족이 정착해서 농사를 짓는 경우에는 대부분 생선을 먹는다. 하지만 여전히 유목생활을 하는 마사이족은 생선 먹기를 기피한다.

마지막으로, 불살생의 원칙에 따른 종교, 즉 자이나교나 불교의 영향으로 인한 경우를 꼽을 수 있다. 힌두교도들은 불살생과 채식주의를 따르나, 대부분은 생선을 먹는다. 그러나 브라만과 같이 카스트 상층에 속하거나 상층으로 올라가고자 하는 다른 카스트 수민들은 경우에 따라 생신 식용을 거부한다. 불교 국가인 티베트에서도 생선을 먹는 것에 대한 반감이 뚜렷하다.

'악마의 물고기', 문어

북유럽 민족과 게르만 민족은 문어와 오징어를 먹지 않는다. 특히 문어는 '악마의 물고기(devil fish)'라고 불릴 정도로 기피하는 대상이다. 이들이 문어를 기피하는 이유 가운데 하나가 기독교라는 종교적 배경이라고 하는 견해가 있다. 음식 금기에 관해 언급하고 있는 구약성서 레위기 11장에서 수중 생물에 관한 구절을 보자.

> 물에 사는 모든 것들 가운데서 이런 것은 너희가 먹을 수 있다. 곧 물에 살면서 지느러미와 비늘이 있는 것은 바다에 살든지 강에 살든지 너희가 먹을 수 있다. 그러나 물에서 떼 지어 다니는 모든 것과 물에 사는 모든 생명체들 가운데 지느러미와 비늘이 없는 것들은 모두 너희가 피하라.(레위기 11:9~10)

따라서 유대교에서는 먹을 수 있는 수중생물을 '지느러미와 비늘이 있는 것'으로 규정했다. 이 기준에 따르면 문어·오징어·뱀장어·가오리 그리고 갑각류와 조개류 등, 지느러미와 비늘이 없는 어류는 모두 금기 대상이다. 기독교에서도 구약성서의 음식 금기를 거의 따르지 않지만 문어와 오징어에 대해서는 따르고 있다고 볼 수 있다.

어쨌든 성경에 의해 부정한 동물로 낙인이 찍힌 문어와 오징어를 보기에 따라서 흉측한 생김새와 빨판에서 연상되는 기분 나쁜 이미지 때문에 경원시했던 것은 사실이다. 특히 북유럽과 영국 등에서는 아주 사납고 괴팍스런 동물이라는 통속적인 이미지로 정착하게 된다. 17세기에 들어서면 노르웨이 근해의 북극해 주변에서 출몰한 거대한 문어 또는 거대한 오징

배를 삼키려는 거대한 문어 '크라켄'을 그린 삽화.

어 모습을 한 '크라켄(kraken)'이라는 괴물이 전설 속에 들어오게 된다.

크라켄은 천지창조부터 세계의 종말까지 살아남는다는 길이가 2.5킬로미터나 되는 거대한 괴물로 긴 촉수로 배를 덮치고 바다로 끌어들이기 때문에 선원과 어부들이 매우 두려워했다. 아마도 몸길이가 10미터 이상을 넘는 대형 오징어나 문어를 괴물로 여겼을지도 모른다.

크라켄 전설은 여러 이야기 속에 자주 등장하는데, 미국의 소설가 허먼 멜빌이 1851년 발표한 『백경』에서는 대왕오징어가 향유고래와 싸우며, 프랑스 소설가 쥘 베른이 1871년 발표한 『해저 이만 리』에도 거대한 문어가 네모 선장의 잠수함 노틸러스호를 공격하는 내용이 있다. 최근에는 월트 디즈니가 만든 만화영화 <인어공주>에서도 크라켄의 모습을 한 마녀가 등장했으며, 영화 <캐리비안의 해적 2>에 등장한 크라켄은 무서운 힘으로 배를 파괴한다.

이렇듯 오랫동안 이유 없는 차별로 인하여 북유럽인들은 문어와 오징어를 혐오하는데, 기독교가 들어오기 이전부터 지중해 연안에서는 문어와 오징어가 중요한 해산물의 하나였다. 이탈리아나 그리스에서는 자그마한 갑오징어를 밀가루 반죽을 입혀 튀겨 먹거나 문어를 삶아 먹기를 좋아한다. 스페인에서는 해산물을 넣는 볶음밥 파에야(paella)에 들어가며, 포르투갈에서도 굽거나 삶아 먹는다. 이처럼 지중해 연안 국가에서는 오징어와 문어를 즐겨 먹는데 반해, 북유럽에서는 여전히 악마의 물고기라고 해서 꺼려하는 경향이 지배적이다.

동양에서는 문어나 오징어가 두려움의 대상이 된 적은 없다. 일본의 경우 약사여래가 문어를 타고 바다를 건너왔다는 전설이 있다. 우리나라에서는 비늘이 없는 생선은 제사상에 올라가지 못했지만 문어와 낙지만큼은 먹물을 가진 것이라고 해서 특별히 허락이 됐거니와 귀한 대접을 받아 왔다.

식인풍습

많은 사람들이 어릴 적 식인종이 정말 있을까 하는 의문을 가진 때가 있을 것이다. 아프리카나 브라질의 한 흉포한 원주민이 전쟁에서 잡은 포로를 잔인한 방법으로 죽이고서 먹는 장면이나 자신이 나무에 묶인 채 광란의 춤을 밤새도록 추는 원주민에 둘러싸여 있는 장면을 떠올리며 몸서리친 적도 있을 것이다.

이처럼 식인은 인간이 가장 금기시하는 행위로 알려져 있다. 그리고 식인풍습[5]은 윤리와 규범이 존재하지 않는 야만인에게나 존재한다는 생각이 지배적이다. 어쨌든 식인풍습은 선사시대에서부터 있었다. 선사시대 유적에 따르면 식인풍습은 남동유럽과 서남아시아에서 주로 있었다. 역사시대에도 여전히 존재했다. 오스트레일리아와 뉴질랜드, 뉴기니, 멜라네시아, 폴리네시아, 중국과 인도의 일부 지역, 중앙아메리카와 남아메리카의 대다수 지역, 북아메리카의 동부와 중부, 중앙아프리카와 서부아프리카 등에서 나타났다.

그렇다면 왜 '사람고기'를 먹는가 하는 질문을 던져야 할 차례이다. 먼저 극단적인 기아 상태에 처했을 때의 상황을 생각할 수 있다. 고립돼 더 이상 식량을 구할 수 없는 상황에서 아주 극단적인 결정을 할 수 있다. 우리는 이런 식인사건에 대한 기록을 어렵지 않게 찾아볼 수 있다.

하지만 이러한 극단적인 상황이 아니라 평상시에 '사람고기'를 먹는 풍습은 어떻게 이해할 수 있을까? 답을 구하기 전에 한스 아스케나시(Hans Askenasy)의 『식인문화의 수수께끼(Cannibalism)』에서 19세기 식인풍습에 놀란 유럽인에게 미라냐스 부족의 족장이 한 말을 재인용 해보자.

당신네 백인들은 악어와 원숭이 고기도 먹지 않더군요. 그건 맛이 좋은데도 말이오. 만일 돼지나 개가 그렇게 많지 않다면 당신들도 악어와 원숭이를 먹었을 것이오. 굶주림이란 괴로운 것이니까. 이는 관습에 따른 문제일 뿐이오. 내가 적을 죽였다면, 그를 그대로 버리느니 먹는 것이 낫소. 큰 사냥감은 거북이처럼 알을 많이 낳지 않기 때문에 찾기가 힘드오. 우리 종족의 적이 칼로 나를 베었을 때, 그가 나를 먹든지 말든지는 중요하지 않소. 나쁜 일은 잡아먹힌다는 것이 아니라 죽음이오. 인간보다 맛좋은 고기는 없소. 당신네 백인들은 너무 까다롭소.

다른 부족의 식인종은 "당신이라면 죽고 나서 구더기에게 먹히느니 친지들에게 먹히는 쪽을 선택하지 않겠소?"라고 물었다고 한다. 따라서 식인행위가 사회적 관습에 따라 이뤄진다면 그것은 어떻게 보아야 할까? 즉, 식인행위가 식량으로서 '사람고기'를 먹는 것이 아니라면 어떻게 이해해야 할 것인가? 여기에서는 한스 아스케나시가 그의 책에서 식인행위와 식인풍습을 분류하고 설명하고 있는 것을 쫓아가 본다.

기근과 사고

기근은 자연적 원인이나 인위적인 원인에서 발생한다. 자연적 기근은 주로 가뭄, 홍수, 한파 등과 같은 기후의 이상 변화와 해충이나 전염병 등이 주요 원인이다. 인위적 기근의 가장 큰 원인은 전쟁이다. 대체로 초토화 작전이나, 포위 공격 등에 의해 식량공급을 차단함으로써 기근 현상이 발생한다. 아우슈비츠와 같은 강제 수용소의 열악한 식량 사정도 마찬가지이다. 극도의 굶주림이 사람을 양식으로 삼게 했다는 기록들은 여러 곳에서 찾아볼 수 있다. 1201년 이집트에서 발생한 대기근 때 카이로에 살던 한 의사가 남긴 글, 「내가 이집트에서 본 일과 목격한 사건에 대한 유용하고 교훈적인 사색」의 일부를 보자.

　사람들이 어린아이들을 삶거나 구워서 파는 것은 보기 드문 광경이 아니었다. 시 위병대의 지휘관은 이 죄악을 저지르는 사람은 산 채로 화형시키고, 그런 고기를 먹은 사람도 마찬가지로 처벌하라고 명령했다. 나 자신도 구운 어린아이가 광주리에 놓여 있는 모습을 보았다. (중략) 가난한 자들이 먼저 인육을 먹기 시작했을 때, 놀라움과 충격이 대단해서 사람들은 이런 범죄에 대해 끊임없이 논했다. 여기에 관심을 보이지 않은 사람은 없었다. 그러나 시간이 흐르자 사람들은 이에 익숙해졌고, 이런 혐오스러운 고기를 좋아하게 되어서 주식으로 삼고, 먹는 것을 즐겼으며, 비축해 놓기까지 하는 자도 있었다. 그들은 여러 가지 요리법을 생각해냈다. 이런 풍습이 한번 생기자 지방으로도 퍼져서, 이집트 전역에서 이러한 예를 볼 수 있었다.

　제2차 세계대전 중에 가장 큰 포위 공격은 독일의 레닌그라드 공격이었다. 1941년부터 1943년까지 900여 일에 걸친 포위로 인해 굶어 죽는 자만 100만 명에 달했다. 식량 공급 사정이 극도로 악화되자 레닌그라드에서는 개나 고양이를 찾아볼 수 없었다고 한다. 애완동물을 잡아먹는다는 것만 해도 상당한 정신적 충격을 주는 사건이었다. 그리고 사람고기를 갈아 만든 파이가 팔린다는 소문이 돌았다고 한다. 심지어는 어린

테오도르 제리코, 〈메두사 호의 뗏목〉(1819).

아이 살이 훨씬 연하기 때문에 식인종들이 아이들을 잡아가려고 기회를 노리고 있다는 소문까지도 돌았다. 살아남은 자들의 증언이라고 하지만 지금으로서는 믿기 어려운 일들이 일어났을 것이다.

하지만 난파나 비행기 추락사고 또는 산이나 사막, 정글에서 길을 잃었을 때 살기 위해서 사람을 잡아먹는 행위에 관한 보고는 사실인 경우가 대부분이며 엄청난 사회적 반향을 일으키기도 했다. 1816년 7월 2일, 프랑스 정부 프리깃함 '메두사 호'는 서아프리카 연안에서 좌초됐다. 화가 테오도르 제리코가 <메두사 호의 뗏목>(1819)을 그려 더욱 유명해진 사건이 좌초된 배의 생존자들이 만든 뗏목에서 일어났다.

> 7월 7일, 바다가 잔잔해졌다. 아직 살아남은 이들은 지쳤고 굶주려 있었다. 그들은 뗏목을 뒤덮은 시체에 달려들어 조각조각 잘라냈다. 그 자리에서 먹는 자들도 있었다. 탑승

원 가운데 처음에는 이 혐오스러운 음식에 손을 대지 않으려는 자도 있었다. 그러나 그들도 결국에는 인간성보다도 더 강한 욕구로 인해 통탄할 일이기는 하지만 이 끔찍한 식사가 삶을 연장해 줄 수 있는 유일한 길이라는 사실을 깨닫게 됐다. 보다 먹기 좋도록 피가 흐르는 팔다리를 말리자고 제안한 사람이 나였다는 사실을 인정한다. 어떤 이들에게는 아직 이를 거절할 만한 용기가 남아있었다. 그들에게는 와인을 좀 더 주었다. 7월 8일, 화약과 부싯돌을 이용하여 불을 지폈다. 인육을 구웠고, 이번에는 모든 이들이 먹었다.

1972년에는 우루과이의 아마추어 럭비팀 선수와 그들의 친구와 친지를 태운 비행기가 안데스 산맥에 추락했던 사건이 있었다. 10주 후에 생존자들이 발견됐는데, 그들이 살아날 수 있었던 것은 죽은 자들이 제공한 사람고기 덕분이었다.

주술과 제식

데이비드 샤피로(David Shapiro)는 『법의학적 심리평가』에서 뉴질랜드 식인종들은 살해된 적을 먹으면 먹히는 자의 영혼이 소멸되고 먹는 자는 용기와 힘을 얻을 수 있다고 생각했다고 말하고 있다. 이처럼 주술적 식인풍습은 사람고기를 먹는 자가 먹히는 자의 장점을 획득할 수 있다는 믿음에 따르는 것이다. 힘·용기·성적 능력·건강 그리고 다른 장점을 식인행위를 통해 얻을 수 있다는 것이다.

주술적 식인풍습의 첫 번째 유형은 마법이다. 사람고기를 먹거나 누군가의 피를 먹으면 마법사가 될 수 있다는 것이다. 호주 남부 지방에서는 마법사가 되려는 자는 인육을 먹어야 마력을 얻을 수 있다고 했고, 뉴기니에서는 시체의 체액을 마셔야 마법사가 될 수 있다고 여겼다.

주술적 식인풍습의 두 번째 유형은 특정한 사람 또는 사람의 특정 부위를 먹으면 용기와 힘이 생기고 성적 능력이 강화된다는 믿음이다. 식인행위를 한 것으로 알려진 상당수의 부족이 이러한 것을 당연하게 받아들였다. 비겁한 자들에게 전사한 용사의 심장을 먹도록 하거나 살해된 적을 먹음으로써 적의 혼령이 살해자에게로 들어온다고 믿었다. 여성의 유방이나 남성의 음경과 고환을 먹으면 성적 능력이 증가한다는 믿음도 있었다.

마지막 유형의 식인풍습은 인간의 살과 피를 치료제로 사용하는 것이다. 나병에 걸린 이집트의 파라오도 인간의 피로 목욕을 해 병을 이기려 했다. 로마 시대 경기에 져서 쓰러진 검투사의 식지 않은 피는 간질 치료제였다. 우리의 경우에도 전래되는 이야기 가운데 부모의 병을 낫게 하기 위해 자신의 자식을 죽이려 한 자식을 효자로 그리고 있는 이야기가 있다.

또한 많은 식인행위는 일정한 의식과 종교적 규범 또는 관습에 따라 행해졌다. 한 부족이나 사회에서 제사를 지낼 때 신에게 산 제물을 바쳐 신의 분노를 피하고 신의 보호를 받을 수 있다는 믿음은 오래 전부터 있어 왔다. 산 제물로 동물을 바치는 경우도 있지만 인간을 살해하는 경우도 있었다. 산 제물로 바친 인간을 나눠 먹음으로써 신과 함께 한다고 여겼다. 추수제식의 경우에는 토지를 기름지게 해 식물이 잘 자랄 수 있게 하기 위해서 인간을 제물로 바쳤다. 사람을 죽여서 시체 조각을 밭고랑 사이사이에 뿌리기도 하고, 피를 뿌리기도 했다.

장례 식인풍습은 크게 두 가지로 나뉜다. 하나는 죽은 자가 산 자들의 생명을 함께 나누기를 원한다는 믿음에서 출발한 것이고 다른 하나는 산 자들이 죽은 자에게 조의를 표하기 위한 것이다. 전자의 경우에는 죽은 자를 위해 산 자를 희생해서 같이 묻거나, 희생자의 일부만 묻고 일부는 유족들이 먹는 경우이다. 후자의 경우에는 대개 죽은 자의 시체를 태운 재나 탄화된 살 혹은 뼈를 갈아 먹는 경우인데, 일부에서는 시체를 먹기도 했다. 아마존 유역과 뉴기니의 여러 부족의 노인들은 죽기를 자청하고 살해된 뒤 자식들과 친척들, 그리고 친구들에게 먹히는 경우가 잦았다. 이것은 부모나 친척을 따뜻한 배 속에 모셔두는 것이 외롭고 추운 땅에 묻어두는 것이 낫다고 생각하기 때문이다.

특히 파푸아 뉴기니 고원에 사는 포레족들이 친척의 시체를 먹는 관습은 널리 알려져 있다. 1976년 칼튼 가두섹(Carleton Gajdusek)이, 포레족이 그들의 친척을 먹는 관습과 '쿠루(kuru)'라는 치명적인 웃는 병을 유발하는 '느린 바이러스'의 관계를 밝힘으로써 노벨의학상을 받았기 때문이다. 쿠루에 걸린 자는 뇌에 구멍이 생겼는데, 이는 훗날 인간 광우병과 유사한 증상으로 보고 있다. 포레족의 장례의식에 따르면 죽은 사람의 여자 친척이 시체를 얕게 묻었다가 일정 기간이 지나면 여자 친척이 시체를 파내어 뼈는 깨끗이 씻지만 그 고기는 먹지 않았다. 그러나 1920년대에는 여자들이 이 관습을 바꾸어 시체를 이삼일 뒤에 꺼내 뼈를 발라내고 요리를 해서 사람고기를 먹기 시작했다. 30년이 지난 후 포레족의 여자들은 쿠루라는 알려지지 않은 병에 걸렸다.

처벌과 무관심

사회적 처벌 수단으로서의 식인행위는 죄를 지은 집단의 일원이나 또는 적에게 적용된다. 수마트라의 바타족은 간통을 저지른 자들과 밤에 도둑질한 자들을 잡아먹었다. 북부 나이지리아의 자가족은 겁쟁이를 먹었으며, 바펜데와 카우안다족은 처형된 자의 시체를 먹었다고 한다. 이러한 식인행위는 죄를 지은 자를 거의 완전히 없애는 강력한 복수이자 처벌이었다.

수마트라의 바타족은 전쟁 포로를 산 채로 조각조각 토막내어 먹었다고 한다. 승리자가 패배자를 잡아먹는 것은 철저하게 적을 무찌르는 것이었다. 또한 솔로몬 군도에서는 적을 먹는 것이 가장 모욕을 주는 처벌 방식으로 생각했다. 적을 처벌하는 방식이면서도 동시에 승리를 축하하는 방식이었다.

무관심한 식인풍습이란 동물과 인간, 고기와 인육에 대한 구별 관념이 없는 경우이다. 고기나 인육이나 영양 공급원일 뿐이다. 인육은 시장에서 공개적으로 팔렸다. 남부 나이지리아에서는 부위별로 가격을 매겨 사람고기를 팔기도 했다. 어린 소년을 유괴하여 유리에 가둬 놓고 바나나를 먹여 살찌운 뒤에 구워서 팔았다. 또 다른 부족에서는 인육이 넘칠 때는 포로의 다리를 부러뜨리고 나무에 묶어서 후일에 쓸 수 있도록 저장했다.

전쟁 식인풍습

전쟁에서 잡힌 포로를 처벌하기 위해서 식인행위를 한다는 것을 바로 앞에서 말했다. 여기에서는 전쟁 포로의 식인행위를 다른 관점에서 접근해 보자.

신대륙 발견 이후 유럽에 아메리카 인디언들의 식인행위를 널리 알린 이는 독일출신으로 포르투갈 해군으로 복무했던 한스 슈타덴(Hans Staden)이다. 1554년 그는 배가 난파돼 브라질의 투비남바족에게 사로잡힌 뒤 9개월 만에 탈출하여 유럽으로 돌아왔다. 2년

한스 슈타덴의 『아메리카 신대륙의 야만적이고 벌거벗은 채 사는 무자비한 식인종 사회에 관한 진실된 이야기』(1557)에 실린 목판 삽화.

뒤 그는 식인풍습을 포함한 투비남바족의 생활상을 서술한 책을 발간했다. 슈타덴은 그의 책에서 전쟁 포로들에 대한 고문 의식과 그들의 몸을 잘라 요리하여 먹는 것을 목격한 사실을 기술하고 있다.

그들이 포로 한 명을 집으로 데려오자 여자들과 아이들이 그 위에 앉아서 그를 때렸다. 그런 뒤 그들은 그를 회색 깃털로 장식하고 그의 눈썹을 면도하고는 그의 주위를 돌면서 춤을 추었다. 그가 도망가지 못하도록 먼저 안전하게 묶어 놓고서, 그들은 그에게 그를 돌보고 그와 성교할 여자를 주었다. (중략) 그들은 그의 옆에 돌멩이를 가져다 놓는데 이는 그를 놀리고 자기들이 그를 먹을 거라고 자랑하면서 그의 주변을 도는 여자들에게 던지도록 하기 위한 것이다. (중략) 살해자가 뒤에서 그의 머리를 내리쳐서 머리를 떨어뜨리자, 여자들은 즉시 이 시체를 잡고서 불로 가져가 가죽을 벗기고 살을 아주 하얗게 만들고 한 가지도 손실이 없도록 항문에 나뭇조각을 박는다. 그런 뒤 한 남자가 시체의 다리와 팔을 몸통에서 잘라낸다. 그러면 네 명의 여자가 사지를 들고 오두막 주위를 돌면서 즐거운 비명을 지른다. 이것이 끝나면 그들은 몸통을 나눠 먹을 수 있는 것은 모두 먹어 치운다.

그렇다면 전쟁은 인육을 얻기 위한 조직된 사냥으로 볼 수 있는가 하는 문제를 제기할 수 있다. 이에 대해 마빈 해리스는 다음과 같이 답하고 있다. 인간은 큰 동물이기는 하지만 이를 잡는 데는 막대한 비용이 든다. 인간 사냥감들은 사냥하는 자들만큼 경계심이 많고 잘 달아난다. 또한 그들을 죽이는 만큼 자신들도 죽을 가능성이 많다. 따라서 인간의 고기를 얻으려고 전쟁을 하는 것이 아니다. 인간의 고기는 전쟁의 부산물로서 얻은 것이다. 따라서 그들이 전쟁 포로의 고기를 먹는 것은 비용과 이익의 관점에서 보면 아주 합리적이다. 완전한 동물성 식품의 공급원을 낭비하는 것은 영양상으로 조심스럽게 선택해야 할 사안이다.

그러나 국가의 형태를 띤 정치 조직의 출현과 함께 전쟁 식인풍습은 돌연 사라졌다. 부족이나 부락 사회는 낮은 생산성 때문에 포로가 잉여를 생산하지 못하면 살려 두는 것은 먹여야 할 입이 하나 느는 것을 의미할 뿐이다. 반면 국가 사회에서는 포로를 죽여서 먹는 것은 세금과 공물원을 확대하려는 지배 계급의 이해에 위배된다. 포로가 잉여를 생산할 수 있기 때문에 그들을 먹기보다는 그들의 노동력을 유지하는 게 훨씬 낫기 때문이다.

식인풍습은 허구?

인류학자 윌리엄 아렌즈(William Arens)는 『식인신화(The Man-Eating Myth)』에서 식인행위에 관한 옛 기록은 신빙성이 없으며, 식인 사회에 관한 믿을 만한 현대의 기록은 거의 없다고 주장했다. 또한 아렌즈는 어떤 인류학자도 식인풍습을 실제로 본 적은 없다고 주장하면서, 제의적이거나 '학습된' 식인풍습은 누군가의 상상 속에서 비롯된 것일 뿐이라고 한다.

흔히 식인이라는 주제는 '다른 사람들'의 사악함을 정의하는 데 상당한 역할을 했다. 특히 지성 없는 야만인들을 '문명화'하는 것이 그들의 의무라고 여기는 기독교인들이 식인풍습을 주로 꺼내 들었다. 예를 들어 그들은 중부 아메리카와 남아메리카의 인디언들이 교회의 식민화를 거부한 것은 이들이 식인종이기 때문이라고 주장하곤 했다.

아렌즈의 문제제기는 인류학자들 사이에서 뜨거운 논쟁을 일으켰고, 어느 인류학자는 아렌즈가 아우슈비츠에서 행해진 유대인 학살을 직접 목격하지 못했기 때문에 유대인 학살이 일어나지 않았다고 주장하는 것과 같은 논리를 펴고 있다고 반박하기도 했다. 하지만 분명한 것은 인류학자들은 신빙성 없는 기록들과 보고들을 가지고 식인풍습에 관한 논의를 확대재생산해 왔다는 것이다. 게다가 더 중요한 것은 적어도 인간을 잡아먹지 않는 문명화된 유럽의 기독교인들이 짧은 시간 동안에 남아메리카의 문명화되지 못한 식인 종족을 지구상에서 사라지게 했다는 것이다.

유대인과 이슬람교도의 음식 계율

유대인의 음식 계율, 카슈루트

유대인들은 세계적으로 그 어느 민족보다 가장 복잡하고 까다로운 그들만의 음식 계율을 준수하고 있다. 그런데 성서도 탈무드도 이렇게 복잡한 음식 계율에 대하여 합리적으로 설명하고 있지 않다. 하지만 이러한 전통적인 음식 계율은 그들이 수천 년 동안 이방 민족 사이에 섞여 살면서도 그들 나름대로의 동질성을 지켜 오는 데 결정적인 역할을 해 왔다. 오늘날 큰 항공회사들이 유대인들을 위한 별도의 기내식을 준비하고 제공하는 것을 보더라도 유대교도들이 얼마만큼 철저하게 음식 율법을 지키는지 잘 알 수 있다.

유대인의 독특한 음식 계율을 '카슈루트(kashrut)'라고 하는데 히브리어로 '적합'을 의미한다. 유대인 사회에서는 이러한 음식 계율에 적합한 음식물을 '카셰르(kashér: 영어로는 kosher 또는 kasher라고 한다)'라고 부르면서 엄격하게 분류하고 있다. 심지어 이스라엘에 수입되는 식품에 대해서도 미리 현지의 제조 단계에서 검사하여 카셰르 판정을 받아야지만 가능하도록 법으로 규제하고 있다.

일반적으로 랍비들은 카슈루트를 준수하는 것이 스스로를 규제하고 식욕을 통제하며 성스러움을 향해 첫발을 내딛는 데 도움이 된다고 생각한다. 유대민족의 음식 계율은 크게 부정한 음식에 관한 금기와 도살하는 방법, 그리고 특정한 절기에 지키는 음식법 등으로 구분된다.

음식에 관한 수많은 금기들은 대체로 육류에 관한 것들이다. 먹을 수 있는 고기는 모두 채식동물의 고기이다. 채식동물 가운데 먹어도 되는 동물은 반추동물이어야 하며, 발굽이 둘로 갈라져 있어야 한다. 그러나 이 모든 특징을 갖추지 않으면 먹을 수 없다. 예를 들어, 돼지는 굽이 갈라지긴 했지만 반추동물이 아니다. 낙타는 반추동물이기는 하지만 굽이 갈라지지 않았기 때문에 먹을 수 없다. 오소리와 토끼 또한 마찬가지이다.

수중 동물 가운데는 지느러미와 비늘이 있는 물고기만이 허용된다. 따라서 갑각류와 조개류 등은 제외된다. 또한 성서에는 먹어서는 안 되는 새의 종류들이 열거돼 있다. 실제로 가금류만을 먹을 수 있다. 먹어서는 안 되는 새들을 더 구체적으로 열거하면 다음과 같다. "독수리, 대머리독수리, 물수리, 매, 송골매 종류, 모든 까마귀와 그 종류, 타조, 쏙독새, 갈매기, 새매 종류, 올빼미, 가마우지, 따오기, 쇠물닭, 펠리컨, 느시, 학, 황새 종류, 후투티, 박쥐"(레위기 11:13~19) 등이다. 물론 새 알의 경우에도 먹어도 되는 새가 낳은 알일 경우에만 카셰르가 된다.

곤충 가운데는 네 종류만이 허락된다. "날개가 있고 네발로 다니는 곤충은 너희가 피해야 한다. 그러나 네발로 다니며 날개가 있는 곤충 가운데서 그 발에 다리가 있어 땅에서 뛸 수 있는 것은 먹을 수 있다. 그것들 가운데 너희가 먹을 수 있는 것은 메뚜기 종류, 베짱이 종류, 귀뚜라미 종류, 여치 종류다." (레위기 11:20~22) 하지만 이 곤충들을 구별해 내는 일이 쉽지 않아 랍비들은 차라리 곤충 전부를 금지하곤 한다. 예외적으로 벌이 생산하는 꿀이 카셰르라는 사실은 주목할 만하다. 파충류 또한 먹을 수 없다. 이렇게 "짐승과 새와 물속에서 다니는 모든 생물과 땅 위에 기어 다니는 모든 생물에 관한 규례로 부정한 것과 정결한 것, 먹을 수 있는 생물과 먹을 수 없는 생물 사이를 구분"하는 것은 "내가 거룩하기 때문이다. 너희는 스스로 거룩하게 하라."(레위기 11:44~47)

나아가 먹을 수 있는 동물이라 할지라도 카셰르이기 위해서는 특수한 조건에서 도살돼야 한다. 허가받은 도살업자는 면도날처럼 날카로운 칼을 사용해 단번에 동물의 멱을 따서 숨을 끊어야 한다. 도구가 조금이라도 완벽하지 못하면, 고기

	식용 가능한 것	식용 불가능한 것
포유류	-발굽이 갈라져 있고 되새김질하는 동물(소, 양, 염소, 사슴, 노루, 야생염소, 산양 등)	-되새김질하지 않거나 발굽이 갈라져 있지 않은 동물(낙타, 오소리, 돼지, 토끼 등) -되새김질을 하지 않고 발굽도 갈라져 있지 않은 동물(말, 당나귀) -네 개의 다리로 걸어 다니지만 발바닥으로 걷는 야생의 동물(고양이, 사자, 여우, 늑대 등)
어패류	-바다와 강에 사는 비늘과 지느러미가 있는 물고기	-지느러미와 비늘이 없는 어패류(조개, 오징어, 문어, 뱀장어, 게, 거북이, 상어, 돌고래 등)
조류	-깃털이 있어 하늘을 날 수 있는 육식성이 아닌 조류(오리, 닭, 비둘기 등)	-맹금류와 잡식성의 조류(독수리, 대머리독수리, 물수리, 송골매, 매, 까마귀, 갈매기, 쏙독새, 올빼미, 가마우지, 펠리컨, 부엉이, 황새, 박쥐 등) -깃털은 있지만 날지 못하는 조류(타조)
곤충류	-메뚜기 종류, 베짱이 종류, 귀뚜라미 종류, 여치 종류	-네 종류 이외의 모든 곤충
기타		-뱀과 같은 양서류

구약성서에 나타난 식용 가능 및 불가능한 대상.
참조: 『음식 그 상식을 뒤엎는 역사』(쓰지하라 야스오, 이정환 옮김, 창해, 2002)

는 불결한 것이 되고 만다. 또한 고기의 피를 모두 뽑아야만 먹을 수 있다. 오늘날 이스라엘의 유대인들은 도살하는 과정에서 원심분리기 등으로 충분히 피를 제거하고 있으며 가정에서는 고기를 요리하기 전에 몇 시간 동안 물에 담가 둠으로써 피가 완전히 빠지게끔 처리하고 있다. 창세기에 다음과 같은 구절이 있다. "고기를 피가 있는 채로 먹어서는 안 된다. 피에는 생명이 있다."(창세기 9:4)

"어린 염소를 그 어미의 젖에 삶지 말라."(신명기 14:21) 이는 성서에서 여러 번 나오는 금기사항이다. 따라서 유대인들은 한 식탁에서 고기 식사와 우유 및 치즈 등의 유제품 식사를 함께 하지 않는다. 신명기의 구절에서 유래된 이 관습은 전 세계적으로 유대인들의 독특한 식사 규정으로 정착했다. 공동체마다 다르지만 고기를 먹고 나서 치즈를 먹으려면 한 시간에서 여섯 시간의 간격을 두어야 한다. 생선의 알이나 가금류의 알에는 이런 주의사항이 없다. 그리고 고기요리에 쓰이는 조리 기구와 유제품요리에 쓰는 조리 기구는 엄격히 구분해야 한다. 그릇을 씻는 싱크대도 고기용과 유제품용을 따로 분리하는 등 철저하게 이 두 가지 식품이 섞이는 것을 방지한다.

마지막으로 한 가지 규정을 덧붙여야겠다. 출애굽을 기념하는 유월절 한 주 동안에는 효모가 들어간 모든 음식을 먹을 수 없다. 히브리 사람들이 이집트에서 탈출하던 초기에 '고통의 빵'을 먹어야 했던 사실을 잊지 않기 위해서 누룩이 들어가지 않은 빵 마짜(matza 또는 matzah)를 먹는다. 전통적으로 유월절이 되기 며칠 전부터 집안의 가장은 집안을 청소한 다음 누룩을 불에 태워 버리고 그릇도 끓는 물에 삶거나 불에 달구어 누룩의 잔재를 완전히 제거한다. 게다가 원칙적으로 유월절 기간에만 사용하는 조리 기구, 그릇, 심지어는 냉장고까지 갖춰야 한다.

카슈루트는 완벽하게 지키는 것이 너무 어렵기 때문에 신앙심이 아주 돈독한 유대인들만이 성서에 나오는 음식에 관한 모든 계율을 지킨다. 따라서 적당히 계율을 지키는 유대인들은 돼지고기를 먹지 않도록 조심하는 정도에 그친다.

이슬람교가 허용하는 음식, 할랄

유대인에게 카셰르가 있다면 이슬람교도에게는 '할랄(halal 또는 alal, halaal)'이 있다. 아랍어로 할랄은 '허용할 수 있는'이라는 의미이다. 이와 반대로 허용되지 않는 음식을 '하람(haram)'이라고 한다. 할랄은 허용되는 음식을 가리키지만, 이슬람교에서는 보다 넓은 의미로 허용할 수 있는 모든 것을 말한다. 하람 또한 금지된 모든 것을 말한다. 예를 들어 인간의 행동, 말, 옷 등 이슬람교에서 허용할 수 있는 것이 할랄이다. 이슬람교도들은 쿠란에서 허용하지 않는 음식, 즉 하람이 아닌 모든 식품을 먹을 수 있다. 이슬람의 음식 계율은 이슬람의 율법인 샤리아(Shariah)에 따른다. 이것은 쿠란과 무함마드의 전승(hadith)에서 법학자들이 발전시킨 율법이다. 샤리아는 사회공동체의 표준이 되는 법전일 뿐만 아니라, 인간과 공동체가 다 같이 추구해야 하는 이상이며, 또 행위의 표본이다. 신이 수셨다는 샤리아는 믿음과 의식뿐만이 아니고, 헌법과 국제법 등의 공법과 형법과 민법 등의 사법에서 인간생활의 모든 면을 통괄한다.

그렇다면 금지된 식품, 하람으로 규정된 식품은 무엇이 있을까? 먼저 돼지고기와 돼지의 부위로 만든 모든 음식은 하람이다. 또한 동물의 피와 그 피로 만든 식품도 하람이다. 알라의 이름으로 도축되지 않은 고기도 금기음식이다. 도축하지 않고 죽은 동물의 고기, 썩은 고기, 육식하는 야생 동물의 고기 등도 먹을 수 없다. 개와 고양이와 같은 애완동물 그리고 당나귀·노새·말 또한 금지됐다. 메뚜기를 제외한 모든 곤충도 먹지 못한다.

해산물에 관해서는 무슬림 사이에서 이견이 있다. 기본적으로 비늘이 있는 모든 물고기는 할랄이다. 그러나 수니파는 모든 물고기는 할랄로 간주하고, 일부 시아파는 새우와 비늘이 있는 물고기만을 할랄로 간주한다. 특히 하나피(Hanafi) 학파는 새우·가재·게·조개를 포함하는 모든 갑각류를 하람이라고 주장한다.

쿠란의 여러 구절들이 음식에 관한 규정을 다루고 있는데, 여기에서 한 구절을 인용해서 다시 한 번 확인해 보자.

> 여기 금지된 것들이 있다. 죽은 짐승, 피, 돼지고기, 하나님 이외의 다른 것에게 제물로 바친 것, 목 졸라 죽인 짐승, 맞아 죽은 짐승, 떨어져 죽은 짐승, 뿔에 받혀 죽인 짐승, 야수에게 잡아먹힌 짐승이나 돌로 쳐 죽인 짐승(5:3)

유대교와 마찬가지로 이슬람교에서도 먹도록 허용된 모든 고기는 이슬람식으로 도축돼야 할랄이다. 이슬람교와 유대교인들은 동물이 신의 창조물이고 영혼을 갖고 있다고 생각하기 때문에, 인간은 신의 허락 없이 불필요하게 동물을 죽일 수 없다. 단지 식량을 얻기 위해서나 혹은 자신을 보호하기 위해서만 동물을 죽일 수 있다. 게다가 정결한 것과 부정한 것, 먹을 수 있는 것과 먹을 수 없는 것이 규율로 정해져 있기에, 식용을 위한 도축 행위는 그런 규율을 따라야 한다. 동물의 먹을 따는 것도 불결하고 부정한 피를 빼내기 위함이다. 이슬람식의 도축 방법은 다음과 같다. 짐승의 머리를 메카를 향해 눕히고 기도를 한 다음 고통을 없애기 위해 단칼에 목을 치고 모든 피를 다 뺀다. 반면 이런 도축 과정을 거치지 않은 고기는 하람이라고 하여 쿠란에서 금하고 있다고 한다.

이슬람교와 금주 계율

이슬람교에서 금하는 식품이 또 하나있다. 바로 술이다. 그런데 술에 관한 이슬람교의 전승과 법 해석은 모순투성이다. 쿠란을 보면 술에 아주 호의적인 구절이 있다.

> 과일 중에 종려나무 열매와 포도나무가 있어 그로부터 마실 것과 일용할 양식을 얻나니 실로 그 안에는 지혜 있는 백성을 위한 예증이 있노라.(16:67)

하지만 다른 구절에는 "오 믿는 자들이여! 취한 상태에서는 절대로 기도를 올리지 마라."(4:43)라고 적혀 있다. 그렇다면 기도하지 않을 때에는 술을 마실 수 있다고 해석할 수 있다. 또 다른 곳에서는 술을 마시지 말라고 충고하고 있다.

오 믿는 자들이여! 술, 도박, 우상숭배와 점성술은 사탄이 행하는 불결한 것들이거늘 그것들을 피하라. 그리하면 너희가 번성하리라. 사탄은 너희 가운데 적의와 증오를 유발시키려 하니 술과 도박으로써 하나님을 연원하고 예배하려 함을 방해하려 하도다. 너희는 단념하지 않겠느뇨.(5:90~92)

단념하라는 명령조가 아니라 단념하는 것이 좋겠다는 권유로 끝나는 이 구절을 보면 쿠란에서는 공식적으로는 술을 금하지는 않는다. 이슬람교 초기에는 금주에 대한 강제규정은 없었다고 보인다. 이슬람교도들은 처음부터 베두인족 사이에 단단하게 뿌리내린 음주풍습과 새로운 이슬람의 법 사이에서 흔들렸던 것 같다. 그러나 기원후 7세기에 제2대 칼리프인 오마르는 최초로 단호하게 술을 금지했다. "쿠란은 술을 금지하고 있다. 다섯 가지 산물, 즉 포도·대추야자 열매·꿀·보리 그리고 밀에서 추출한 것은 전부 술이라고 할 수 있다."라며 금주에 대한 확고한 의지를 표명했다.

그러나 술을 엄격히 금지했음에도 불구하고, 이슬람 문화에서 그리스와 라틴 그리고 기독교권에 비해 손색이 없는 음주 찬양시가 나오는 것을 막을 수는 없었다. 이러한 음주 찬양시는 칼리프 오마르가 금주령을 내린 7세기 이후부터 20세기까지도 꾸준히 이어졌다. 이러한 음주 찬양시가 귀족·상인·예술가의 전유물이었듯 술 역시 그들만의 전유물이었다. 하지만 요즘에는 유럽으로 이주한 이슬람 노동자들은 공장이나 작업

장에서 동료들과 어울려 종종 맥주나 포도주를 마시고 있다. 지중해 연안 국가나 터키에서도 포도주를 수출용으로만 생산했는데 국내에서도 소비되기도 한다. 사우디아라비아와 몇몇 국가들에서는 알코올을 공식적으로 금지하며, 이슬람주의 운동의 일환으로 알코올과의 전쟁을 벌이고 있다.

계율에 충실한 이슬람교도들은 음식을 만들 때 사용하는 술에 대해서도 엄격한 태도를 취한다. 음식의 맛을 내기 위해 사용한 알코올은 대부분 조리 중에 증발하기 때문에 큰 문제가 되지 않는다. 그러나 일부 이슬람교도들은 조리할 때 알코올 성분이 증발한다고 하지만 고기요리의 경우 완전히 제거되지 않는 경우가 있기 때문에 포도주와 같은 술은 음식에 넣어서는 안 된다고 주장한다. 하지만 이러한 주장을 하는 이슬람교도들은 극히 일부에 속한다.

유대교와 이슬람교 음식 계율의 공통점과 차이섬

유대교든 이슬람교든 음식에 대한 금기사항의 배경이 되는 뿌리는 모두 같은데, 이것은 모두 하나님인 여호와와 알라가 내려 주신 규정이다. 실제로 이들 둘의 음식 계율 사이에는 상당히 많은 공통점이 보인다. 물론 차이점도 있다.

먼저 유대교와 이슬람교는 공통적으로 돼지고기는 금기 식품이며, 소, 양, 염소와 같은 동물들은 식용을 허용하고 있다. 개구리와 같은 양서류는 양쪽 모두에서 금기하고 있다. 유대인에게서 메뚜기와 귀뚜라미 그리고 여치와 같은 곤충을 제외한 모든 곤충이 카셰르가 아닌데, 오늘날에는 곤충을 거의 식용하고 있지 않다. 이슬람교도들 또한 거의 곤충을 금기 식품으로 간주하고 있다. 물고기의 경우, 비늘과 지느러미가 있어야 먹을 수 있다는 점에서도 같다. 그리고 도축하는 방식에 있어서도 짐승을 죽일 때 날카로운 칼로 단번에 고통 없이 죽여야 하고, 짐승을 도축한 후 피를 제거해야 한다고 요구하고 있는 점이 공통점이다.

차이점은 다음과 같다. 유대인에게 있어 반추동물이면서 갈라진 발굽을 가진 동물만이 식용대상이다. 이슬람교에서도 식용대상은 기본적으로 같으나 유대인이 금기 식품으로 여기는 낙타고기를 먹는다. 유대인들은 가재, 게, 새우, 조개와 같은 갑각류와 조개류의 식용을 금지한다. 그러나 이슬람교도들은 이에 대해 분명한 입장을 취하지 않고 있다. 실제로 상당수의 이슬람교도들은 조개류와 갑각류도 할랄로 여긴다. 또한 대부분의 무슬림은 모든 생선을 먹는다. 계율에 엄격한 이슬람교도들은 알코올 성분이 조금이라도 있는 음식은 먹지 않는다. 하지만 유대인들은 어떤 종류의 알코올이든지 카셰르가 아닌 내용물이 들어 있지 않으면 상관하지 않는다. 그리고 유대인들은 고기와 유제품을 같이 요리하거나 함께 먹지 않는다. 그러나 이슬람교의 음식 계율에는 그런 규정이 없다.

이슬람교에서는 도축하기 전에 매번 알라의 이름을 말하도록 하고 있다. 일부 이슬람교도들은 유대인의 카셰르 고기도 할랄 고기로 인정하고 있다. 프랑스에서는 유대인 공동체의 대의기구인 '이스라엘 종무국'이 유대교 음식 계율에 맞춰 도축한 고기임을 입증하는 라벨을 독점 관리한다. 이들의 엄격한 감독은 유대인뿐만 아니라 이슬람교도에게도 신뢰를 얻고 있어, 2002년도에 카세르 제품 소비자의 60퍼센트가 유대인이 아닌 소비자들, 그중에도 주로 이슬람교도들임이 밝혀진 적이 있다.

채식주의와 육식의 종말

　인도는 채식주의자 식당과 비(非)채식주의자 식당을 구분해 놓고 있다. 나아가 가공식품에도 채식주의자를 위한 식품이라는 라벨이 붙어 있다. 힌두교도가 다수를 차지하는 인도에서는 종교적 신념에 따른 채식주의자가 많다. 최근에는 서구에서도 채식주의자를 위한 식당이 꽤 있을 뿐만 아니라 비채식주의자 식당에서도 채식주의자를 위한 메뉴를 제공하는 경우가 흔하다. 우리나라에서는 아직 채식주의자를 위한 식당과 메뉴가 흔치 않아 채식주의자들이 밖에서 식사하는 데 어려움이 많다. 또한 채식주의를 이해하지 못하는 경우가 많아 눈에 고기가 보이지 않으면 채식주의 메뉴라고 생각하지만 동물성 성분이 조금이라도 들어간 식품을 먹지 않는 엄격한 채식주의자들은 이를 피한다.

몇 년 전 미국에 사는 인도인 의사가 맥도널드를 상대로 손해 배상을 청구해 몇 백만 달러를 받은 적이 있다고 한다. 그 이유는 '순식물성'이라고 표시된 감자튀김에 동물성 조미료가 들어가 그의 종교적 신념을 깨뜨렸다는 것이었다. 더구나 그 동물성 성분이 다른 동물이 아닌 소였다고 하니 힌두교도인 그에게는 상당한 정신적 충격을 주었으리라는 것은 쉽게 짐작할 수 있다.

오늘날 종교적 신념뿐만 아니라 생태주의나 환경보호의 관점 그리고 정신수양의 관점에서 채식을 하는 이들이 많아졌다. 특히 육식 위주의 식생활이 지구 생태계를 위협하고 환경을 파괴하고 있다는 의식 속에서 채식을 하는 경우가 늘어가고 있다.

채식주의의 유형과 역사

채식주의자(vegetarian)란 육식을 피하고 식물로 만든 음식만을 먹는 사람을 가리킨다. 육식을 하지 않는다는 것은 고기뿐만 아니라, 동물로부터 나온 유제품(우유, 버터, 치즈, 요구르트 등), 동물의 알, 육수, 동물성 성분이 들어간 조미료 등, 게다가 생선류도 먹지 않는 것을 말한다. 그러나 엄격하지 않은 채식주의자의 경우에는 고기를 제외한 동물성 음식을 먹기도 한다. 따라서 우리는 채식주의자의 유형을 나눠 볼 수 있다.

유형	식습관
락토 베지테리언 (lacto vegetarian)	고기와 동물의 알은 먹지 않지만 유제품을 먹는 경우. 인도와 지중해 연안의 나라에서 흔하다.
락토 오보 베지테리언 (lacto-ovo vegetarian)	고기는 먹지 않지만 유제품과 동물의 알을 먹는 경우. 서양의 대부분의 채식주의자들은 락토 오보 베지테리언으로 분류된다.
오보 베지테리언 (ovo vegetarian)	고기와 유제품을 먹지 않지만 동물의 알을 먹는 경우.
베건(vegan)	고기와 유제품, 동물의 알을 포함한 모두 종류의 동물성 음식을 먹지 않는 경우.

채식주의자의 유형.

 이와 같은 채식주의자 유형 외에도 여러 형태의 채식주의자를 부르는 말들이 있는데 엄격한 채식주의자들은 이들을 채식주의자로 인정하지 않는다. '세미 베지테리언(semi-vegetarian)'은 기본적으로 채식을 위주로 하나 예외적으로 붉은 고기가 아닌 육류를 먹는다. 일반적으로 비채식주의자에서 채식주의자로 넘어가는 사람을 가리킬 때 쓰인다. 그리고 육식은 하지 않지만 해산물을 먹는 이들을 '페스코 베지테리언(pesco-vegetarian, pescetarian)'이라고 한다. 또한 대부분 채식을 하지만 때때로 육식을 하는 사람을 '플렉시테리언(flexitarian)'이라 부른다.

 채식주의란 개념이 처음으로 나타난 것은 고대 인도와 고대 그리스에서이나. 이러한 채식주의는 모두 불살생의 원리에 따른 것으로 종교집단이나 철학자들에 의해 제기됐다. 유럽에서는 고대 로마가 기독교를 국교로 삼으면서 채식주의가 사라져 갔다. 다시 등장하기 시작한 것은 르네상스 시기이며, 19세기와 20세기 들어서 점차 확산됐다. 1847년 영국에서 최초로

'채식주의자협회'가 설립됐으며, 1908년에는 국제협회가 창립됐다. 20세기에는 영양학적·윤리적 관심 때문에, 최근에는 환경과 경제적 관심 때문에 채식주의자가 늘어나고 있다. 하지만 미국의 조사에 따르면 전 세계의 육류와 어류를 포함한 고기를 먹지 않는 채식주의자는 대략 1~2.8퍼센트에 지나지 않는다고 한다. 인도의 채식주의자가 전 세계 채식주의자의 70퍼센트 이상을 차지하고 있다.

육식의 종말

채식을 하는 이유는 여러 가지가 있다. 앞에서 봤듯이 가장 큰 이유는 종교적인 것이다. 최근에는 또 다른 이유, 즉 환경적이고 윤리적인 이유 때문에 육식을 하지 않고 채식을 하는 움직임이 큰 흐름을 형성하고 있다.[6]

환경적인 측면에서 볼 때 대량소비를 위한 고기의 생산, 특히 공장형 축산은 환경에 비친화적이고 유해하다. 실제로 2006년 유엔의 조사에 따르면 축산업은 환경을 악화시키는 주된 요인 가운데 하나라고 한다. 대규모 축산은 공기와 수질을 오염시키고 토양을 악화시키며, 기후변화를 야기하고 생물학적 다양성을 파괴한다. 그러나 그보다 먼저 살펴볼 것은 더 많은 고기를 얻기 위한 공장형 대규모 축산이 토지 이용과 식량배분 문제에 심대한 영향을 미쳤다는 점이다.

오늘날 소와 기타 가축들은 지구상에서 생산되는 곡물의 3

분의 1을 먹어 치우고 있다. 이제 소들은 꼴이 아닌 곡물을 먹는다. 산업혁명 이후 20세기 들어서서 특히 제2차 세계대전 이후 더 많은 고기 생산을 위한 대규모 축산 정책은 이처럼 방대한 양의 곡물을 가축들에게 먹이게 만들었다. 미국의 경우를 보더라도 가축이 소비하는 곡물량은 상상을 초월한다. 미국의 가축이 미국에서 생산하는 콩의 90퍼센트, 옥수수의 80퍼센트, 평균적으로 곡물의 70퍼센트를 먹어 치운다.

그런데 미국의 한 대학의 연구에 따르면 미국 내 가축에게 먹이는 곡물의 양은 4억이 넘는 사람들을 먹여 살릴 수 있는 양이라고 한다. 전 세계적으로 가축 대신 인간을 먹이는 데 곡물을 이용한다면 10억 이상의 사람들이 먹을 수 있을 것이다. 지구상에서 해마다 4000만~6000만 명의 사람들이, 그것도 대부분 아이들이 해마다 굶주림과 그에 따른 질병으로 죽어가고 있다는 사실을 고려할 때 이러한 통계가 의미하는 바는 크다.

더구나 고기와 우유 그리고 달걀을 생산하기 위해 소비되는 곡물과 단백질 생산의 효율성은 4:1~54:1에 불과하다. 최대 5.4킬로그램의 곡물을 먹여야만 단지 100그램의 고기를 얻을 수 있다. 이러한 육류 단백질 생산의 비효율성 또한 식량배분 문제에 있어 크게 고려할 사항이다.

또한 곡물을 사료로 하는 축산 단지는 온실효과를 일으키는 세 개의 주요 가스, 메탄·이산화탄소·일산화질소 등을 방출하는 주요한 요인이 되고 있다. 온실효과를 일으키는 주범 가운데 하나는 이산화탄소인데, 축산업이 배출하는 양은 총 배출량의 18퍼센트를 차지한다. 전 세계 모든 운송 수단이 총 배출량의 13.5퍼센트를 차지한다는 사실과 비교하면 상당히 많은 양이다. 목축장을 만들기 위해 숲을 불태울 때, 지구의 허파인 숲이 사라지면 물론 엄청난 규모의 이산화탄소가 발생한다. 또한 대규모 축산에 필요한 사료를 실어 나르는 데 쓰이는 연료 또한 이산화탄소 배출량의 큰 부분을 차지한다.

게다가 소들이 먹는 사료용 곡물을 생산하는 데 석유 화학 비료를 이용한다. 이것 또한 온실효과의 원인이 되는 가스인 질소산화물을 뿜어낸다. 마지막으로 소들 자체가 강력한 온실효과의 원인이 되는 메탄가스를 뿜어낸다. 계속해서 늘어난 소들은 지난 수십 년간 메탄가스 방출량을 크게 증가시켰다. 축산업에서 배출되는 메탄가스의 양은 인간이 배출하는 전체 양의 37퍼센트에 이른다.

윤리적인 측면에서는 가축의 사육환경과 도축과정 등을 문제 삼는다. 공장식 사육장에서는 소를 비롯한 거의 모든 가축이 거의 움직일 수 없는 비좁은 공간 안에서 사육당하고 있다. 대부분의 가축은 풀밭이나 야외의 넓은 땅을 밟아볼 수 있는 최소한의 자유도 누리지 못하고 도축장으로 끌려간다. 비좁은 공간에 사육되는 가축은 질병에 노출되기 쉽기 때문에 항생제가 투여되는 것은 당연한 일이다. 미국처럼 국토가 넓은 곳에서는 도축장으로 끌려가는 소와 같은 가축은 축우용으로 만들어진 화물용 기차나 트럭에 실려 운반된다. 도축장까지 여러 날이 걸릴 경우 운반 도중 넘어지는 소는 대개 다른 소들에게

밟혀서 죽는다.

돼지의 경우도 마찬가지이다. 특히 새끼를 낳게 할 목적으로 사육되는 암퇘지는 각각 뒤로 돌아설 수도 없는 한 칸의 좁은 우리에서 사육된다. 새끼를 낳을 때가 되면 암퇘지는 분만실로 옮겨지는데, 이 분만실에서 암퇘지는 설 수도 돌아누울 수도 없이 한옆으로만 누워 있어야 한다. 이렇게 하는 이유는 오로지 금전적으로 가치 있는 새끼가 어미에게 눌려 압사당하지 않게 하기 위해서이다.

현대의 공장식 사육장에서 사육되는 젖소의 운명 또한 다르지 않다. 이런 사육장에서 사육되는 젖소는 평생 단 한 번도 푸른 풀밭을 밟아 보지 못하고, 태어나서 죽을 때까지 줄지어 늘어선 좁은 우리에서 끈에 묶인 채 시멘트 바닥을 밟고 서서 젖을 생산해 내야 한다. 공장식 사육장의 젖소들은 대개 해마다 새끼를 낳아야 한다. 9개월의 임신기간을 거쳐 새끼를 낳기 때문에 매년 새끼를 낳는 것이 어미 소에게는 매우 곤욕스러운 일인데, 송아지에게 젖을 빨려야 할 시기에도 인공 수정으로 수태를 시킨다. 결국 이런 젖소는 아홉 달의 임신 기간 중에도 일곱 달은 젖을 생산하게 된다.

생명체가 누려야 할 최소한의 권리마저 누리지 못하게 만들고, 모든 것을 금전적 가치와 효율성으로만 계산하는 공장식 축산의 절정은 광우병이라는 비극으로 나타나고 있다.

사찰음식

채식주의자들이 많이 관심을 갖는 음식 가운데 하나가 사찰음식이다. 불살생의 계율에 따라 육식을 멀리 하기 때문이다. 하지만 석가모니가 불살생의 계율을 설파하지만 육식 자체를 금하진 않았다. 동물 살해에 직접 관여하지 않는다면 육식에 너그러운 편이었다.

불교 초기에는 모든 승려들이 특별한 거처 없이 산속이나 동굴에서 살면서 탁발을 하여 하루 한 끼만 먹으며 지냈다. 승려를 일컫는 비구(比丘)는 팔리어 '비쿠(bhikkhu)'의 음역으로, 음식을 빌어먹는 걸인을 가리킨다. 비구가 지켜야 할 다섯 가지 덕이 있는데, 첫 번째 덕이 바로 개인의 재산을 모으지 않고 걸식하며 살아가야 한다는 것이다. 먹는 것뿐만 아니라 입는 옷조차도, 일반 대중들이 입다가 해진 옷을 걸레로 쓰고 그러다 더 이상 걸레로도 쓸 수 없어 버린 천들을 모아 만들었다. 초기 불교의 승려들은 한마디로 집도 절도 없이 탁발로 연명했다. 이 집 저 집에서 주는 음식을 먹으며 지냈기 때문에 가리는 음식 없이 무엇이나 먹었다. 따라서 육식을 피하진 않았다.

탁발한 음식으로 오전 중에 식사를 마쳐야 하고 1일 1식의 원칙을 반드시 지켜야 했다. 따라서 정오에서 다음날 일출까지는 비시(非時)라 해서 음식물을 절대로 입에 대지 않았다. 석가모니도 설산에서 6년간 고행하면서 일마일맥(一麻一麥: 깨 한

알과 보리 한 알)에 의지했다고 한다.

불교 초기에는 거처가 따로 없이 지내던 승려에게 우기 3개월 동안 한 곳에 머무르는 생활이 허락되기 시작했는데 이것이 안거제도(安居制度)이다. 이런 안거제도가 차츰 발달하면서 왕족과 부호들이 집을 지어 기증했다. 이로 인해 최초의 사찰인 죽림정사가 생겨났고 주위에 회랑 또는 담장을 둘러서 원으로 발전하게 됐다.

이러한 주거공간의 변화는 승려들의 식생활로 이어졌다. 탁발을 하던 승려들은 이제 신도들이 만들어 주는 음식을 먹게 됐던 것이다.[7] 더욱이 왕권의 보호로 귀족 불교가 되고 여러 유형의 불교가 생기면서 예외적인 식생활 형태가 나타나게 됐다. 1일 1식의 원칙도 변화하여 하루에 한 번 이상 먹는 것을 허락했다. 그때의 주식은 말린 밥, 콩과 보리를 섞어 지은 밥, 미숫가루, 고기, 떡 등 다섯 가지였고 부식으로는 식물의 가지, 잎사귀, 꽃, 과일, 우유, 꿀이나 석밀 등이었다.

특별히 음식에 대한 금기는 없었는데 고기는 아무 고기나 먹어도 상관없다는 것은 아니다. 고기는 병이 든 비구에 한해서만 삼종정육(三宗淨肉)·오종정육(五種淨肉)·구종정육(九種淨肉) 등을 허락했다. 삼종정육은 자신을 위해 죽이는 것을 직접 보지 않은 짐승의 고기, 남으로부터 그런 사실을 전해 듣지 않은 고기, 자신을 위해 살생했을 것이라는 의심이 가지 않는 고기를 말한다. 오종정육은 삼종정육 외에 수명이 다해 자연사한 오수(烏獸)의 고기나 맹수 또는 오수가 먹다 남은 고기를 뜻한다. 구종정육은 오종정육 외에 자신을 위해서 죽이지 않은 고기나 자연사한 지 여러 날이 돼 말라붙은 고기, 우연히 먹은 고기, 일부러 죽인 것이 아니라 이미 죽은 고기 등을 말한다.

불교 전래 초창기 중국에서는 술과 고기를 먹었지만 양무시대 이후 점차 소식(素食)으로 바뀌었다. 승려들은 1세기 전후가 되면서 점차 소식을 하게 됐다. 대승불교가 흥성하면서는 오신채(五辛菜: 마늘·파·달래·부추·홍거)를 음식에 넣지 않게 됐다. 『능엄경』에 의하면 삼매(三昧)를 닦을 때에는 다섯 가지 매운 채소를 끊어야 하는데, 이 채소들을 익혀서 먹으면 음란한 마음이 일어나고, 날것으로 먹으면 성내는 마음이 더해지기 때문이라고 한다.

한국의 사찰음식은 사찰이나 지역마다 조리법이 조금씩 다르기는 하지만 일반적으로 고기와 오신채를 사용하지 않고 산채·들채·나무뿌리·나무 열매·나무껍질·해초류·곡류만을 가지고 만들며, 인공조미료 대신 다시마·버섯·들깨·날콩가루 등의 천연 조미료와 산약초를 사용한다. 조리를 할 때에는 제철에 나는 재료를 이용해 짜거나 맵지 않게 재료의 풍미를 살려야 하고, 음식은 끼니때마다 준비해야 하며, 반찬의 가짓수는 적어도 영양이 골고루 포함되도록 만들어야 한다.

죽	바죽, 현미죽, 연시죽, 팥보죽, 비지죽, 개암죽, 우분죽, 늙은호박죽, 잣죽, 콩나물죽, 흑임자죽, 옥수수죽, 땅콩죽, 야채죽, 팥죽, 들깨죽, 호두죽, 미역죽, 아욱죽, 녹두죽, 버섯죽, 대추죽, 오미자죽 등.
밥	찰밥, 산나물비빔밥, 콩나물밥, 야채밥, 유부밥, 보리밥, 김밥, 김치밥, 무밥, 김초밥, 버섯덮밥, 보리밥, 오곡밥, 야채영양소밥, 톳나물밥, 연잎밥 등
국	국, 미역국, 우거지국, 시금치국, 감자국, 쑥국, 냉이국, 김국, 거프국, 근대국, 배추국, 토란국, 두부냉국, 냉콩국, 짠무냉국, 짠오이냉국, 청포묵국, 시래기국, 양해란국 등
김치	사찰김치는 젓갈류·파·마늘을 쓰지 않아 담백하고 독특한 맛이 있으며, 사계절이 뚜렷하고 지역적 특성이 강하다. -경기 충청 지역: 주로 잣을 이용하는 백김치, 보쌈김치, 고수김치, 깍두기 등 -전라도 지역: 들깨죽을 이용한 고들빼기김치, 갓김치, 죽순김치 등 -경상도 지역: 늙은호박죽과 보리밥을 이용한 콩잎김치, 우엉김치, 깻잎김치 등 -북한 지역: 소금, 고추, 생강, 청각 등을 이용한 동치미나 백김치 등
나물·무침	시금치, 냉이, 비름나물, 더덕무침, 죽순채무침, 꽈리고추무침, 미사무침, 가지나물, 고사리나물 등.
조림	감자조림, 우엉조림, 무조림, 고구마, 물엿조림, 껍질콩조림, 송이버섯조림, 곤약조림 등
볶음	감자볶음, 야채볶음, 호박볶음, 머우볶음, 도라지볶음, 오이볶음, 말린추나물볶음, 죽순볶음 등
찜, 부침류	가지찜, 배추찜, 채소찜, 연두부찜, 호박부침, 당근부침, 표고전, 김치부침, 감자부침, 녹두부침 등.
튀김, 구이	버섯튀김, 깻잎튀김, 쑥갓튀김, 고추튀김, 가지튀김, 늦싸리부각, 들깨송이부각, 산동백잎부각, 아카시아꽃부각, 우엉구이, 표고구이 등.
밑반찬류	산초장아찌, 절인고추, 콩장, 무말랭이, 절인오이, 짠배추, 무, 오이, 양희장아찌, 감장아찌, 참외장아찌 등
떡	호박오가리떡, 쑥개떡, 풋고추장떡, 메밀떡, 감자송편, 물호박떡, 호박찰시루떡 등
다식	율무다식, 찹쌀다식, 콩다식, 깨다식, 녹두다식, 밤다식, 송화다식, 팥다식 등
한과	유과, 유밀과, 강정, 다식전과, 엿강정 등
장	된장, 간장, 고추장으로 나누는데 각 사찰의 물맛, 조리법 등에 따라 독특한 맛을 낸다.
차	쑥차, 솔차, 작설차 등

한국 사찰음식의 종류.

한국의 금기음식

한국의 일상적인 식생활에서 집단적으로 특정 음식을 금하는 전통이나 규범은 존재하지 않는다. 대체적으로 섭취할 수 있는 음식의 폭이 넓은 편이다. 하지만 몇 가지 경우에 있어서는 금기사항까지는 아니더라도 속설의 형태나 치료 요법으로 먹어서는 안 될 음식들을 규정하고 있다. 그 가운데 임신했을 때 금해야 할 음식에 대한 규정이 가장 널리 퍼져 있으며, '사상의학'의 체질론도 음식 섭취에 많은 영향을 미치고 있다.

임신·수유 중의 금기음식

임신 중에 무엇은 먹지 말라는 말을 수없이 듣는다. 특히

지역별	금기음식
경 기	식혜, 고사리, 오징어, 게, 버섯, 인삼
강 원	메밀, 게, 개구리, 꼴뚜기, 커피, 후추, 뱀, 염소, 상추
충 북	자라, 선지, 버섯, 게, 참새, 엿기름, 율무, 찹쌀밥, 커피, 비둘기
충 남	자라, 율무, 상어, 낙지, 식초, 문어, 감주, 꽃게, 참새, 비둘기
전 북	자라, 상어, 참새, 율무, 낙지, 문어, 북어, 추어탕, 검은 생선, 잉어, 산짐승, 비둘기, 미나리
전 남	상어, 가오리, 문어, 홍어, 식초, 새끼 밴 짐승, 붕어, 자라, 율무, 엿기름, 버섯, 감, 비둘기
경 북	문어, 민물고기, 상어, 게, 술, 커피, 식초, 버섯, 방어, 인삼, 묵, 메밀, 비늘 있는 생선
경 남	상어, 게, 참새, 자라, 율무, 엿기름, 딸기, 익모초, 문어, 가오리, 버섯, 죽순, 미나리, 생선회, 비늘 있는 생선

지역별 금기음식.

나이 드신 분들은 젊은 임산부에게 음식물에 관한 여러 주의를 준다. 비록 비과학적일지라도 임신 중의 음식 금기에 관한 이야기는 임산부에게 항상 심리적인 압박을 주기 마련이다.

1966년 농촌 영양개선 연구원이 전국의 농민을 대상으로 실시한 영양실태 조사에 의하면 임산부가 출산 전후에 엄격히 가려야 할 금기음식이 116종에 이르렀다고 한다. 임신 중에는 75종, 수유기에는 41종으로 나타났다. 각 지역별로 임신기간 동안의 금기음식을 보면 돼지·닭·오리·토끼·염소·개 등 가축의 고기와 달걀·오리 알·오징어 등은 거의 전 지역에서 금기음식으로 간주되고 있었으며, 그 밖의 음식은 지역에 따라 조금씩 다르게 나타났다.

이렇게 금기음식을 내세우는 데는 이유가 있다. 그런데 임신 중에 오리고기를 먹으면 아기의 손가락이 육손이 된다는 식의 금기는 과학적인 근거에 의한 것이라기보다는 비슷한 것끼리 연관시키는 발상, 즉 대물요법(對物療法)적인 생각에서

금기시기	금기음식	금기이유
임신기	식혜	아기가 삭는다. 젖이 잘 안 나온다.
	오리고기	육손이, 오리걸음, 손발이 오리모양이 된다.
	비둘기	자식을 단 둘밖에 못 낳는다.
	닭고기	닭살이 된다.
	메밀	얼굴이 붓는다.
	호박	해산 후 이가 빠진다.
	염소고기	머리카락과 눈썹이 희어진다.
	선지	태아가 죽는다.
	오징어	아기의 뼈가 약해진다.
	토끼고기	토끼 귀, 빨간 눈이 된다. 언청이가 된다.
	율무	낙태한다.
수유기	푸른 채소	녹변을 보고 설사를 한다.
	인삼	젖이 없어진다.
	식혜	젖이 없어진다.
	개고기	부정 탄다.
	미나리	아기가 경기한다.
	밀가루	젖구멍이 막힌다.
	매운 음식	아기 항문이 빨개진다.

임신·수유기의 금기음식과 이유.

비롯된 것이다. 이러한 대물요법적인 생각들이 많은데, 임산부가 닭고기를 먹으면 아기의 피부가 닭살과 같이 된다는 것도 그러한 발상에 속한다. 마찬가지로 임신 중에 염소고기를 먹으면 아기의 머리카락과 눈썹이 희어진다고 생각했다. 비정상적인 아기를 낳았을 때 쉽게 그 이유를 찾을 수 있는 것이 임산부가 섭취한 음식물의 생김새나 특성에서 찾으려했던 것이 이러한 대물요법적인 음식 금기를 낳았을 것으로 보인다.

사상의학의 체질론과 섭생법

사상의학설은 조선 후기 한의학자 이제마(李濟馬)가 창안했다. 그는 고종 30년(1893)에 착수하여 고종 31년(1894)에 목활자본 상·하 2책으로 완성한 저서 『동의수세보원(東醫壽世保元)』을 통해 인간은 천부적으로 장부허실(臟腑虛實)이 있고 이에 따른 희로애락의 성정(性情)이 작용하여 생리 현상을 빚으니, 각자의 체질을 안다면 질병을 예방하고 치료하는 지름길이 될 수 있다고 주장했다.

사상의학의 네 가지 체질이라 함은 태양인(太陽人)·소양인(少陽人)·태음인(太陰人)·소음인(少陰人)을 말하는 것으로 각 체질에 따른 장부허실이 상대적으로 작용하고 있어 만일 허한 것이 더욱 허하거나 실한 것이 더욱 실할 때 병으로 나타난다고 하며, 이를 장부의 태(太)·소(少)라고 했다. 여기서 태·소란 해부학적 의미가 아니라 하나의 기능을 말하는 것이며, 태양인은 폐대간소(肺大肝小), 소양인은 비대신소(脾大腎小), 태음인은 간대폐소(肝大肺小), 소음인은 신대비소(腎大脾小)라고 했다. 따라서 이러한 체질에 따라 그에 맞는 음식물을 섭취하면 병을 예방할 수 있고 병을 치료할 수 있다고 주장한다.

예를 들어 태양인은 폐대간소하여 폐는 크며 기가 강하고 간이 작아 기가 허하며 소변을 자주 보고 대변은 활하며 양이 많다고 한다. 또한 태양인은 상체에 비해 하체가 약하여 한기를 받으면 종아리가 저리고 다리에 통증을 일으켜 생긴 병으로 발열, 오한이 있으면 빨리 치료해야 한다. 또한 우리의 몸은 목구멍에 가까운 곳이 건조하면 음식물이 넘어가기가 어려워지는데 태양인이 신경을 너무 많이 쓰면 위장의 양의 기가 너무 왕성해지므로 음식물이 식도에 막혀 내려가지 못하고 음식물을 먹은 즉시 토하기도 한다. 그 밖에 소장의 이상으로 복통·설사·이질 등의 증세가 나타나기도 한다.

이런 체질을 지닌 태양인은 식품 중에서 다래·조개·붕어·오징어·포도·모과·감앵두·사과·메밀·멥쌀 등으로 채소류는 될 수 있는 대로 많이 섭취하는 것이 좋으며 지방질이 많은 음식은 피하는 것이 좋다고 한다. 따라서 쇠고기, 돼지고기 등 지방질이 많은 음식과 무·마늘·설탕·조기·고추 등과 같은 자극성이 강한 음식은 될 수 있으면 삼가는 것이 좋다.

사상의학의 체질론과 섭생론은 궁극적으로 음양오행(陰陽五行)의 원리에 기반하고 있다. 이에 따르자면 인체를 구성하는 오장(五臟)과 육부(六腑)는 오행의 속성에 따라 서로 간-담(木), 비장-위(土), 폐-대장(金), 신장-방광(水), 심장-소장(火)으로 짝을 짓고, 심장을 몸의 주(主)로 하여 구분할 수 있다.

더 나아가 섭생의 측면에서 보면 음식의 오색(五色)을 오장육부와 연결시켜 음식과 건강과의 관계를 강조하기도 한다. 붉은색은 심장, 흰색은 폐, 검은색은 신장, 녹색은 간장, 노란색은 비장, 위장과 관계가 있다고 한다. 따라서 붉은색 식품은 순환기기관인 심장과 흡수기관인 소장에 영향을 주고, 흰색 식품은 배설기관인 폐와 대장에 좋으며, 검은색 식품은 배설과 생식기관인 신장, 방광 그리고 생식기에 효과가 있고, 녹색 식품은 간장을 보호하고 노란색 식품은 소화기관인 위장에 약효를 준다. 예를 들어 태음인은 간대폐소(肝大肺小), 즉 木(간)

	적합한 음식	금기음식
태양인	다래, 조개, 붕어, 오징어, 포도, 모과, 감앵두, 사과, 메밀, 멥쌀 등으로 채소류를 많이 섭취하는 것이 좋다.	쇠고기, 돼지고기 등 지방질이 많은 음식과 무, 마늘, 설탕, 조기, 고추 등과 같은 자극성이 강한 음식은 가능한 한 삼가는 것이 좋다.
태음인	쇠고기, 무, 버섯, 콩, 고구마, 연근, 토란, 도라지, 마, 율무, 찹쌀, 김, 미역, 호두, 호박, 자두, 땅콩, 복숭아, 들깨, 더덕, 고사리 등이 좋다.	돼지고기, 닭고기, 달걀, 염소고기, 개고기, 사과, 배추 등은 피하는 것이 좋다.
소양인	돼지고기, 오리고기, 가물치, 자라, 해삼, 북어, 전복, 녹두, 팥, 조, 보리, 참외, 사과, 토마토, 딸기, 미나리, 가지, 배추, 오이, 호박, 우엉, 감자 등으로 음(陰)을 보하는 것이 좋다.	쇠고기, 닭고기, 땅콩, 우유, 꿀, 엿 등은 피하는 것이 좋다.
소음인	개고기, 양고기, 염소고기, 닭고기, 꿩고기, 토끼고기, 뱀장어, 쏘가리, 숭어, 멸치, 멥쌀, 들깨, 양배추, 부추, 파, 냉이, 쑥갓, 당근, 아욱, 시금치, 감자, 꿀 등으로 온(溫)을 보충하는 음식물 위주로 섭취하는 것이 좋다.	배추, 메밀, 보리, 녹두, 팥, 고구마, 밤, 호두, 수박, 배, 오이, 참외 등은 피하는 것이 좋다.

사상의학의 체질에 따른 섭생법.

의 성질이 강하고 金(폐)의 성질이 약하다. 따라서 약한 금(金)의 기운을 보충하려면 목(木)을 약하게 하는 금(金)의 식품, 즉 흰색 야채와 곡류를 섭취하고 붉은색의 육류를 피하는 것이 좋다.

이러한 사상의학의 체질론과 섭생법은 약과 음식은 같은 뿌리라는 약식동원(藥食同原) 사상에 기반하고 있으며 오늘날에도 여전히 우리의 식생활에 상당한 영향을 미치고 있다.[8]

돼지고기의 금기

약식동원이라는 사고는 중국에서 비롯됐고 특히 우리나라에 큰 영향을 미쳤다. 어떤 것을 먹으면 몸에 좋고 또 어떤 것을 먹으면 몸에 좋지 않다는 말은 오늘날에도 쉽게 들을 수 있다. 한국에서와 중국에서 오랫동안 돼지고기는 몸에 해로운 것으로 인식됐다. 오늘날에는 돼지고기가 중국 전체를 석권하고 있고, 중국은 전 세계 돼지 생산과 소비의 절반을 차지하고 있다.9) 우리나라에서도 돼지고기는 전체 육류 소비량의 절반을 차지한다. 이처럼 각광받는 돼지고기를 중국에서 중세까지는 해롭다고 봤으며, 한약복용 시에는 돼지고기가 금기시됐다. 하지만 중세 이후 중국은 돼지고기 소비가 점차 확대됐다. 반면 우리의 경우 중국 고대와 중세의 의서를 좇아 19세기 초까지도 돼지고기를 기피했다.

19세기 초에 쓰인 『임원십육지』에서는 중국 당나라의 의서 『천금식치(千金食治)』를 인용하여, "돼지고기를 오랫동안 먹으면 정충이 감소하며 병을 앓게 되고 온몸의 근육이 아프며 기력이 없어진다."라고 했다. 그리고 당나라의 의서 『식료본초(食療本草)』를 인용하여 "돼지고기를 오래도록 먹으면 약효가 받지 않고 풍을 통하게 하여 열병·학질·이질·고질병·치질 등의 질병을 가져 온다."라고 했다.

또한 19세기 초에 나온 『규합총서』에서도 "돼지고기는 본디 힘줄이 없으니 몹시 차고 풍을 일으키며 회충을 생기게 하고, 풍이 있는 사람과 어린아이는 많이 먹으면 해롭다."라고 했다.

돼지고기에 대한 기피는 쇠고기의 선호로 나타났다. 하지만 농경사회에서 소는 없어서는 안 될 가축이었다. 그 때문에 조선 시대에 자주 도우금지령을 내려 소를 보호하려 했다. 그러나 소의 도살을 막을 수는 없었다. 조선 시대의 실학자 박제가(1750~1805)는 『북학의』에서 "중국 사람은 돼지고기나 양고기를 먹고 건강하며 소 도살이 금지돼 있으나, 우리나라에서는 돼지고기나 양고기는 병이 날까봐 염려스럽다고 하면서 기피하고 쇠고기만 먹는다. 소의 번식력이 돼지나 양만 못한데 자꾸만 도살해 버리니 농경에 커다란 지장을 준다."라고 하며 쇠고기에 대한 지나친 선호 성향을 경계했다.

그러나 쇠고기에 대한 선호는 계속됐다. 1980년대 중반만 하더라도 전체 육류 소비량의 24퍼센트 가량을 쇠고기가 차지하고 있었다. 당시 우리의 쇠고기 자급률은 30퍼센트에도 이르지 못한 상황이었고, 쇠고기 생산국인 미국·브라질·호주 등에서도 쇠고기 소비가 전체 육류 소비량의 28퍼센트 정도라는 것을 비교해 볼 때, 우리의 쇠고기 선호성은 지나칠 정도이다. 2006년도에도 쇠고기 소비량은 전체 육류 소비량의 27퍼센트에 이르고, 전체 쇠고기 소비량의 50퍼센트 이상을 수입에 의존하고 있다.

미래의 금기음식은?

초등학교 시절 교문을 나설 때 항상 유혹하는 것이 번데기였다. 변변한 군것질거리도 없던 당시 신문지에 싸서 파는 번데기만큼 맛있는 것이 없었다. 요즘도 가끔 번데기를 찾는데, 딸아이는 마치 바퀴벌레를 먹는 사람쯤으로 여긴다. 여기에 메뚜기와 개구리 뒷다리 이야기까지 꺼낸다면 아마도 '야만인'으로 취급당하기 쉬울 것이다.

타히티인과 하와이인 그리고 뉴질랜드의 마오리족은, 유럽인이 들어오기 전까지만 하더라도, 개고기를 신과 함께 나눠 먹어야 할 정도로 좋은 음식으로 여겼다. 그러나 오늘날 그곳에서 개고기 식용 관습은 거의 남아 있지 않다.

우리나라에서 벌어지고 있는 개고기 식용을 둘러싼 논쟁은 문화적 충돌이다. 개를 식용 가능한 동물로 보는 전통적인 식문화와 개를 인간의 반려자로 보아 이의 식용을 금기시하는 식문화 간의 충돌로 볼 수 있다. 거기에는 전통적 가치와 서구적 가치, 동물의 보호, 육식 기회의 확대 등 여러 요인들이 복합적으로 작동하고 있다. 이처럼 금기음식 문화 또한 변화한다. 이러한 변화는 생태적 환경과 경제적 조건의 변화에 따르기도 하지만 문화적 코드의 변화에 따르기도 한다.

그렇다면 미래의 금기음식은 무엇일까? 금기음식은 변화하면서 확대될 것인가 축소될 것인가? 궁금하지만 명확한 답을 구한다는 것은 불가능할 것이다. 하지만 이런 변화를 예측할 수 있지 않을까? 채식주의자들이 생겨난 데서 보듯 대량생산 방식으로 생산된 식품들이 금기음식이 되는 상황을 상상해 볼 수 있을 것이다.

앞에서 살펴봤듯이 대규모 축산은 공기와 수질을 오염시키고 토양을 척박하게 만들며 기후변화를 야기하고 생물학적 다양성을 파괴한다. 유전자 조작을 통한 곡물의 대량생산 또한 생물학적 다양성을 파괴하고 유전자 변형 식품의 섭취에 따른 위험성을 내포하고 있다. 그리고 대량생산되고 속성으로 숙성된 식품들은 인간의 미각의 다양성을 파괴하고 자연적인 순환과 지속의 시간 감각을 상실하게 한다. 이른바 패스트푸드가 이에 해당한다.

따라서 생산시간을 단축하고 대량생산을 위해 에너지를 집약적으로 투입하는 것이 아니라 자연의 시간에 따라 전통적

방식으로 생산된 음식 재료들을 자연적으로 숙성시키고 가공하여 만든 음식, 즉 '느린 음식'이 우리의 식생활에서 부활한다면, '속성 음식', '획일화된 음식'은 금기음식이 될 수 있을 것이다. 물론 이를 위해서는 사회경제적·생태환경적 변화가 수반돼야 할 것이다. 이때 속성 음식을 금기시한다는 것은, 자연의 시간에 따라 살아가는 느린 삶을 속도와 도구적 합리성에 빠진 탈시간화·탈공간화된 빠른 삶과 '구별 짓는' 것이며, 자신의 삶을 '신성화'하는 것이다. 실현 가능성을 떠나 미래의 금기음식 문화의 이런 식의 변화를 예측하는 것이 무용한 일만은 아닐 것이다.

주

1) 힌두교도들은 물소를 같은 소임에도 불구하고 죽음의 신 야마가 타고 다니는 동물로 여겨 죽이든 먹든 별문제 삼지는 않는다.
2) 동양의학에서는 대체로 개고기란 성질이 몹시 더운 것으로 사람이 먹으면 양기를 돋우고 허한 곳을 보충한다고 한다. 따라서 개고기는 오행설로 보면 화(火)에 해당되고 복(伏)은 금(金)에 해당되니, 화로써 금을 다스리기 위해 개장국을 먹어 더위를 이겨낼 수 있다고 한다. 또한 더위 때문에 몸이 약해지기 쉬운데, 더운 성질의 개고기를 먹음으로써 '이열치열'로 더위를 물리치고 양질의 단백질을 공급하여 원기를 회복할 수 있다.
3) 이 법안은 문화적인 배려와 동물보호라는 두 쟁점 사이에 방황하다가 결국 의회 의결에 상정되지 못했다.
4) 마빈 해리스는 도시화된 산업사회에서 애완동물의 숫자가 계속 증가하는 핵심적인 이유는 애완동물의 친구로서의 가치라고 말한다. 그는 현대사회는 집과 적절한 음식 그리고 질병의 예방과 치료와 같은 인간의 필요와 관련된 많은 문제들을 해결해 왔지만 높은 질의 상호지지적인 유대를 제공하지 못함으로써 비참한 실패를 가져왔음을 먼저 지적한다. 따라서 동물 친구는 불만족스러운 인간관계를 부분적으로 보상해 준다고 한다. 현대사회에서 애완동물의 최우선적인 효용은 그들이 따뜻하고 지적이고 사랑하는 관계의 특수한 문화적 부족을 채우는 데 있어 인간을 대신해 줄 수 있기 때문이라고 말한다.
5) 식인풍습을 일컫는 영어 'cannibalism'은 스페인어 'canibal'에서 유래한다. 크리스토퍼 콜럼버스가 바하마 군도에 도착했을 때, 그는 카리브해의 인디언 주민들이 전쟁에서 남자 포로들을 모두 잡아먹었다는 사실에 큰 충격을 받았다고 한다. 그는 한 카리브인의 집에 들어가서 천장에 매달린 해골들과 사람 뼈로 가득찬 광주리들을 보고, 이를 카리발즈(caribales)라고 불렀다. 나중에 카니발즈(canibales)로 발음됐고, 이것이 식인풍습을 가리키는 명칭의 어원이다.
6) 『육식의 종말』을 쓴 제레미 리프킨, 『희망의 밥상』을 쓴 제인 구달 등이 이러한 입장을 취하고 있는 잘 알려진 인물들이다.

그리고 1970년대 들어서면 지구 생태의 위기를 직감한 이들이 이전의 환경개량주의를 넘어서 근본적이고 장기적인 생태 운동을 펼치게 되며, 이러한 관점에서 육식 중심의 식생활에 생태학적 접근을 시도한다.
7) 아직도 남방 불교권(스리랑카·미얀마·타이·베트남 등)에서는 탁발이 그대로 이뤄지고 있고, 북방 불교권(한국·중국·일본·티베트 등)에서는 사원의 발달과 함께 자체에서 음식을 만들어 먹음으로써 다양한 음식 조리법들이 개발되고 있다.
8) 서양에서도 고대 그리스의 의학자 히포크라테스에 의해 제기된 체액론에 따른 음식을 통한 치료법이 있어 왔다. 히포크라테스는 인간의 질병을 혈액, 점액, 황색 담즙, 검은 담즙 등 네 가지 체액 사이의 균형이 깨졌을 때 발생하는 것으로 봤는데, 이 네 가지 체액을 각각 사계절과, 공기·물·불·흙 등 사원소와 습하고 건조하며 뜨겁고 찬 네 가지 성질에 연결시켜 설명했다. 그 균형을 되찾아 병이 낫기 위해서는 '차가운' 과일, '습한' 생선, '차갑고 건조한' 고기, '뜨겁고 건조한' 향신료 등의 음식을 적절히 섭취해야 한다고 했다.
9) 2007년도 기준, 중국은 5,197만 톤의 돼지를 생산해 98퍼센트를 국내에서 소비했으며, 육류 소비량의 87.9퍼센트가 돼지고기 소비량이다.

참고문헌

__ 주요 참고문헌

마빈 해리스, 서진영 옮김, 『음식문화의 수수께끼』, 한길사, 1992.

프레데릭 J. 시문스, 김병화 옮김, 『이 고기는 먹지 마라? - 육식 터부의 문화사』, 돌베개, 2004.

쓰지하라 야스오, 이정환 옮김, 「제3장 '음식에 대한 금기'가 성립된 진상」, 『음식 그 상식을 뒤엎는 역사』, 창해, 2002.

스튜어드 리 앨런, 정미나 옮김, 「불경」, 『악마의 정원에서』, 생각의 나무, 2005.

Mary Douglas, *Purity and Danger : An analysis of pollution and taboo*, ARK Paperbacks, 1985(초판 1966).

__ 유덴자우, 유대인과 이슬람교도의 음식 계율

리언 래퍼포드, 김용환 옮김, 『음식의 심리학』, 인북스, 2006.

빅토르 퀘페르맹크, 정혜용 옮김, 『유대인』, 웅진지식하우스, 2008.

폴 발타, 정혜용 옮김, 『이슬람』, 웅진지식하우스, 2007.

__ 개고기 식용의 역사와 문화

안용근, 『한국인과 개고기』, 효일, 2000.

이성우, 「제33장 개요리의 문화」, 『한국요리문화사』, 교문사, 1991.

__ 식인풍습

한스 아스케나시, 한기찬 옮김, 『식인문화의 수수께끼』, 청하, 1995.

프랜시스 바커 외 2인 엮음, 이정린 옮김, 『식인문화의 풍속사』, 이룸, 2005.

William Arens, *The Man-Eating Myth*, Oxford University Press, 1979.

__ 채식주의와 육식의 종말, 그리고 사찰음식

쯔루다 시즈카, 손성애 옮김, 『베지테리안, 세상을 들다』, 모색, 2004.

제인 구달 외, 김은영 옮김, 『희망의 밥상』, 사언스북스, 2006.

제레미 리프킨, 신현승 옮김, 『육식의 종말』, 시공사, 2002.

선재, 『선재스님의 사찰음식』, 디자인하우스, 2001.

__ 한국의 금기음식

유태종, 「제6장 금기음식, 함께 먹으면 좋지 않은 음식궁합」, 『음식궁합』, 둥지, 1993.

김달래, 『내 체질에 약이 되는 음식 222가지』, 중앙생활사, 2005.

왜 그 음식은 먹지 않을까 세계의 금기음식 이야기

펴낸날	초판 1쇄 2008년 12월 25일
	초판 5쇄 2017년 12월 4일
지은이	정한진
펴낸이	심만수
펴낸곳	(주)살림출판사
출판등록	1989년 11월 1일 제9-210호
주소	경기도 파주시 광인사길 30
전화	031-955-1350 팩스 031-624-1356
홈페이지	http://www.sallimbooks.com
이메일	book@sallimbooks.com
ISBN	978-89-522-1056-2 04080
	978-89-522-0096-9 04080(세트)

※ 값은 뒤표지에 있습니다.
※ 잘못 만들어진 책은 구입하신 서점에서 바꾸어 드립니다.

함께 읽으면 좋은 책

종교·신화·인류학

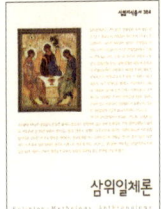

384 삼위일체론

eBook

유해무(고려신학대학교 교수)

기독교에서 믿는 하나님은 어떤 존재일까? 성부 하나님과 성자 예수, 그리고 성령이 계시며, 이분들이 한 하나님임을 이야기하는 삼위일체론은 기독교 교회가 믿고 고백하는 핵심 교리다. 신구약 성경에 이 교리가 어떻게 나타나 있으며, 초기 기독교 교회의 예배와 의식에서 어떻게 구현되었고, 2천 년 동안의 교회 역사를 통해 어떤 도전과 변화를 겪으며 정식화되었는지를 일목요연하게 정리했다.

315 달마와 그 제자들

eBook

우봉규(소설가)

동아시아 불교의 특징은 선(禪)이다. 그리고 선 전통의 터를 닦은 이가 달마와 그에서 이어지는 여섯 조사들이다. 이 책은 달마, 혜가, 승찬, 도신, 홍인, 혜능으로 이어지는 선승들의 이야기를 통해 선불교의 기본사상을 이해하도록 돕는다.

041 한국교회의 역사

eBook

서정민(연세대 신학과 교수)

국내 전체인구의 25%를 점하고 있는 기독교. 하지만 우리는 한국 기독교의 역사에 대해서 너무나 무지하다. 이 책은 한국에 기독교가 처음 소개되던 당시의 수용과 갈등의 역사, 일제의 점령과 3·1운동 그리고 6·25 전쟁 등 굵직굵직한 한국사에서의 기독교의 역할과 저항, 한국 기독교가 분열되고 성장해 왔던 과정 등을 소개한다.

067 현대 신학 이야기

eBook

박만(부산장신대 신학과 교수)

이 책은 현대 신학의 대표적인 학자들과 최근의 신학계의 흐름을 해설한다. 20세기 전반기의 대표적인 신학자인 칼 바르트와 폴 틸리히, 디트리히 본회퍼, 그리고 현대 신학의 중요한 흐름인 해방신학과 과정신학 및 생태계 신학 등이 지닌 의미와 한계가 무엇인지를 친절하게 소개하고 있다.

종교 · 신화 · 인류학

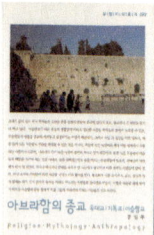

099 아브라함의 종교 유대교|기독교|이슬람교 `eBook`

공일주(요르단대 현대언어과 교수)

이 책은 유대교, 이슬람교, 기독교가 아브라함이라는 동일한 뿌리에서 갈라져 나왔다는 점에 주목한다. 저자는 이를 추적함으로써 각각의 종교를 그리고 그 종교에서 나온 정치적, 역사적 흐름을 설명한다. 이스라엘과 팔레스타인으로 대변되는 다툼의 중심에는 신이 아브라함에게 그 땅을 주겠다는 약속이 있음을 명쾌하게 밝히고 있다.

221 종교개혁 이야기 `eBook`

이성덕(배재대 복지신학과 교수)

종교개혁은 단지 교회사적인 사건이 아닌, 유럽의 종교 · 사회 · 정치적 지형도를 바꾸어 놓은 사건이다. 이 책은 16세기 극렬한 투쟁 속에서 생겨난 개신교와 로마 카톨릭 간의 분열을 그 당시 치열한 삶을 살았던 개혁가들의 투쟁을 통해 보여 주고 있다. 마르틴 루터, 츠빙글리, 칼빈으로 이어지는 종파적 대립과 종교전쟁의 역사들이 한 편의 소설처럼 펼쳐진다.

263 기독교의 교파

남병두(침례신학대학교 교수)

하나의 교회가 역사적으로 어떻게 다양한 교파로 발전해왔는지를 한눈에 보여주는 책. 교회의 시작과 이단의 출현, 신앙 논쟁과 이를 둘러싼 갈등 등이 파노라마처럼 펼쳐진다. 사도행전에 나타난 교회의 시작과 이단의 출현에서부터 초기 교회의 분열, 로마가톨릭과 동방정교회의 분열, 16세기 종교개혁을 지나 18세기의 감리교와 성결운동까지 두루 살펴본다.

386 금강경

곽철환(동국대 인도철학과 졸업)

『금강경』은 대한불교조계종이 근본 경전으로 삼는 소의경전(所依經典)이다. 『금강경』의 핵심은 지혜의 완성이다. 즉 마음에 각인된 고착 관념이 허물어져 어디에도 집착하지 않는 상태를 말한다. 이 책은 구마라집의 『금강반야바라밀경』을 저본으로 삼아 해설했으며, 기존 번역의 문제점까지 일일이 지적해 독자들의 이해를 돕고자 했다.

종교·신화·인류학

013 인도신화의 계보 `eBook`

류경희(서울대 강사)

살아 있는 신화의 보고인 인도 신들의 계보와 특성, 신화 속에 담긴 사상과 가치관, 인도인의 세계관을 쉽게 설명한 책. 우주와 인간의 관계에 대한 일원론적 이해, 우주와 인간 삶의 순환적 시간관, 사회와 우주의 유기적 질서체계를 유지하려는 경향과 생태주의적 삶의 태도 등이 소개된다.

309 인도 불교사 붓다에서 암베드카르까지 `eBook`

김미숙(동국대 강사)

가우타마 붓다와 그로부터 시작된 인도 불교의 역사를 흥미롭고도 일목요연하게 정리한 책. 붓다가 출가해서, 그를 따르는 무리들이 생겨나고, 붓다가 생애를 마친 후 그 말씀을 보존하기 위해 경전을 만드는 등의 이야기들이 한눈에 들어온다. 또한 최근 인도에서 다시 불고 있는 불교의 바람에 대해 소개한다.

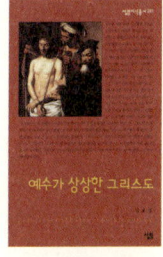

281 예수가 상상한 그리스도

김호경(서울장신대학교 교수)

예수가 그리스도라는 것은 어떤 의미인가? 이 책은 신앙적 고백과 백과사전적 지식 사이에서 현재 예수 그리스도가 가진 의미를 묻고 있다. 저자는 이러한 문제의식을 바탕으로 예수가 보여준 질서와 가치가 우리와 얼마나 다른지, 그를 따르는 것이 왜 우리에게 익숙하지 않은 일인지를 보여주고 있다.

346 왜 그 음식은 먹지 않을까 `eBook`

정한진(창원전문대 식품조리과 교수)

세계에는 수많은 금기음식들이 있다. 유대인과 이슬람교도들은 돼지고기를 먹지 않고, 힌두교도의 대부분은 소고기를 먹지 않는다. 개고기 식용에 관해서도 말들이 많다. 그들은 왜 그 음식들을 먹지 않는 것일까? 음식 금기 현상에 접근하는 다양한 방식을 통해 그 유래와 문화적 배경을 살펴보자.

종교 · 신화 · 인류학

eBook 표시가 되어있는 도서는 전자책으로 구매가 가능합니다.

011 위대한 어머니 여신 | 장영란 eBook
012 변신이야기 | 김선자
013 인도신화의 계보 | 류경희 eBook
014 축제인류학 | 류정아 eBook
029 성스러움과 폭력 | 류성민 eBook
030 성상 파괴주의와 성상 옹호주의 | 진형준 eBook
031 UFO학 | 성시정 eBook
040 M. 엘리아데 | 정진홍 eBook
041 한국교회의 역사 | 서정민
042 야웨와 바알 | 김남일 eBook
066 수도원의 역사 | 최형걸 eBook
067 현대 신학 이야기 | 박만 eBook
068 요가 | 류경희 eBook
099 아브라함의 종교 | 공일주 eBook
141 말리노프스키의 문화인류학 | 김용환
218 고대 근동의 신화와 종교 | 강성열 eBook
219 신비주의 | 금인숙 eBook
221 종교개혁 이야기 | 이성덕 eBook
257 불교의 선악론 | 안옥선
263 기독교의 교파 | 남병두

264 플로티노스 | 조규홍
265 아우구스티누스 | 박경숙
266 안셀무스 | 김영철
267 중국 종교의 역사 | 박종우
268 인도의 신화와 종교 | 정광흠
280 모건의 가족 인류학 | 김용환
281 예수가 상상한 그리스도 | 김호경
309 인도 불교사 | 김미숙 eBook
310 아힌사 | 이정호
311 인도의 경전들 | 이재숙 eBook
315 달마와 그 제자들 | 우봉규 eBook
316 화두와 좌선 | 김호귀 eBook
327 원효 | 김원명
346 왜 그 음식은 먹지 않을까 | 정한진
377 바울 | 김호경 eBook
383 페르시아의 종교 | 유흥태
384 삼위일체론 | 유해무 eBook
386 금강경 | 곽철환
452 경허와 그 제자들 | 우봉규 eBook
500 결혼 | 남정욱 eBook

(주)살림출판사
www.sallimbooks.com
주소 경기도 파주시 문발동 522-1 | 전화 031-955-1350 | 팩스 031-955-1355